华章图书

一本打开的书,一扇开启的门,
通向科学殿堂的阶梯,托起一流人才的基石。

www.hzbook.com

零代码实战

企业级应用搭建与案例详解

李恩涛 雷明灿 黄晟昊 任向晖◎著

机械工业出版社
China Machine Press

图书在版编目（CIP）数据

零代码实战：企业级应用搭建与案例详解 / 李恩涛等著 . -- 北京：机械工业出版社，2021.6
ISBN 978-7-111-68379-7

Ⅰ. ①零… Ⅱ. ①李… Ⅲ. ①企业管理 - 计算机管理系统 Ⅳ. ① F272.7

中国版本图书馆 CIP 数据核字（2021）第 103264 号

零代码实战：企业级应用搭建与案例详解

出版发行：机械工业出版社（北京市西城区百万庄大街 22 号 邮政编码：100037）	
责任编辑：孙海亮	责任校对：殷 虹
印　　刷：北京市荣盛彩色印刷有限公司	版　　次：2021 年 6 月第 1 版第 1 次印刷
开　　本：186mm×240mm　1/16	印　　张：15
书　　号：ISBN 978-7-111-68379-7	定　　价：89.00 元

客服电话：（010）88361066　88379833　68326294　　投稿热线：（010）88379604
华章网站：www.hzbook.com　　　　　　　　　　　　读者信箱：hzit@hzbook.com

版权所有・侵权必究
封底无防伪标均为盗版
本书法律顾问：北京大成律师事务所　韩光 / 邹晓东

Preface 前言

企业应用开发行业从出现到现在已经有半个世纪了，在这个过程中，应用开发的工具和形式不断演进。概括来说就是，开发工具从低级语言向高级语言演进，架构模式从单体架构向模块化架构演进，开发方式从代码开发向可视化方向演进。而零代码平台是这个演进过程中的一个里程碑。我加入企业应用开发行业至今已有十年了。在这十年中，我目睹了云计算产业发展对企业应用市场的巨大影响，也亲历了产业冲击，当然也把握住了新生的市场机会。我们从 2018 年就开始开发零代码产品，这正是我们对当前这次市场大潮的一个回应。

到了零代码平台时期，企业应用的开发已经不再依赖集成开发环境（IDE），也不再要求必须具备 DevOps 专业过程，开发门槛得以降低。

为什么烦冗复杂的企业应用开发突然失去了对专业开发过程的依赖？这让很多人百思不得其解，并对利用零代码平台开发企业应用心存怀疑。所以，在这里我有必要交代一下应用平台的工作原理、优势和局限。

首先要明确一点，零代码或者低代码是应用平台即服务（APaaS）类产品的一个特征，也是应用平台的一个新的定位。应用平台不是开发平台，它本质上还是一个应用，只不过这个应用比较复杂，是用来构筑其他应用的，这就像钢筋、水泥是建材，用钢筋、水泥浇筑好的预制件也是建材一样。

和上面建材这个例子类似，今天的应用开发行业也很少从零开始开发一个应用了，大多数情况下应用开发都依赖各种各样的组件和框架。企业应用中大约有 80% 是基于关系数据库的业务管理应用，这些应用具有类似的设计模式，这就给应用平台提供了机会。典型的应用平台不会追求能够搭建任意类型的应用，而是聚焦在某一个类型的应用上。比如，类似于明道云这样的零代码平台，就仅定位于企业中后台应用平台。市面上还有很多其他类型的零代码平台，它们有的专注于做网页搭建，有的专注于小程序搭建或网店搭建……这些产品都是按照类似的理念设计和开发的。

企业应用的零代码愿景早在二十多年前就已经出现。从早期的 Access 数据库，到互联网时代的 QuickBase，再到快速开发领域的 PowerBuilder，一直到更现代的 Salesforce Lightning 平台、更大众化的 Smartsheet 和 Airtable 等产品，这些都是零代码愿景的体现。总体而言，零代码产品的能力越来越强，使用门槛越来越低。在中国，较早进入市场的零代码产品是简道云和伙伴云表格，而明道云则是明确定位于 APaaS 领域的零代码产品的代表。明道云完善了应用平台应该具备的基础能力模块，通过它能够灵活搭建出绝大多数企业中后台应用。在最近的一两年，越来越多的零代码/低代码产品进入市场，让企业用户有了丰富的选择。

零代码平台向业务人员敞开了应用开发的大门，让企业应用开发不再是专业开发人员的专利。对于数据结构和业务流程清晰的业务场景，非专业开发人员也能自主实现。

由业务人员直接完成数字化系统的设计和实现，对于提升企业效率和运营质量是非常重要的。在传统 DevOps 时代，软件的研发成本至少有一半投入在需求的调研、分析和沟通阶段，还有相当比例的成本花在 DevOps 过程中的专业环节，比如部署、测试等。APaaS 产品的设计理念是让这些专业过程不再消耗大量成本。当软件工具和业务需求的持有人直接相遇时，创意实现方式会不断涌现。这是我们在过去两年运营明道云的过程已经见证过的。

所以，我非常钦佩机械工业出版社华章公司编辑孙海亮敏锐的市场洞察力——他在这个节点找到我们，并邀请我们撰写一本关于用零代码平台开发企业应用的实战指导书，这是最恰当的时机。

本书将满足读者对零代码产品的好奇心，主要解答如下常见疑虑：开发企业应用怎么突然就不用写代码了？零代码平台背后的工作原理是什么？怎样快速上手零代码平台？目前有哪些具体的案例？

来自明道云的李恩涛、雷明灿、黄晟昊三位专家和我一起分工合作，共同完成了本书。本书结构简洁有序，可以让读者在较短的时间内了解零代码平台的基本工作原理，并掌握零代码平台的基本使用方法。

我衷心希望对零代码感兴趣的读者能够通过本书快速上手实践，并在企业数字化管理和运营方面获得成功。

任向晖

目录 Contents

前言

第1章 认识零代码及其对于企业的意义 ⋯⋯⋯⋯⋯ 1
1.1 什么是零代码应用开发平台 ⋯⋯ 2
1.2 零代码的演进与特点 ⋯⋯⋯⋯⋯ 3
1.2.1 零代码应用技术的演进 ⋯⋯⋯ 3
1.2.2 现代零代码平台的特点 ⋯⋯⋯ 5
1.3 企业为什么要选择零代码平台 ⋯⋯⋯⋯⋯⋯⋯⋯⋯⋯⋯⋯ 6
1.3.1 提升开发和部署效率 ⋯⋯⋯⋯ 6
1.3.2 迎合业务快速变化 ⋯⋯⋯⋯⋯ 7
1.3.3 克服数据孤岛问题 ⋯⋯⋯⋯⋯ 8
1.3.4 业务开发者的参与 ⋯⋯⋯⋯⋯ 8
1.4 零代码平台在9大行业的应用 ⋯⋯⋯⋯⋯⋯⋯⋯⋯⋯⋯⋯⋯ 9
1.4.1 某知名三甲医院的辅助系统 ⋯⋯⋯⋯⋯⋯⋯⋯⋯⋯⋯⋯ 9
1.4.2 一线电器品牌的经典项目管理 ⋯⋯⋯⋯⋯⋯⋯⋯⋯⋯⋯ 10
1.4.3 上海市静安区某街道办疫情监控系统 ⋯⋯⋯⋯⋯⋯ 10
1.4.4 零售企业的线下线上一体化 ⋯⋯⋯⋯⋯⋯⋯⋯⋯⋯⋯ 11
1.4.5 空调名企的设备一条龙服务 ⋯⋯⋯⋯⋯⋯⋯⋯⋯⋯⋯ 11
1.4.6 领先IT服务商的物联网集成方案 ⋯⋯⋯⋯⋯⋯⋯⋯⋯ 11
1.4.7 养老行业的线上智慧化 ⋯⋯⋯ 11
1.4.8 轨道行业的零代码实验室 ⋯⋯ 12
1.4.9 汽配行业的客户管理系统 ⋯⋯⋯⋯⋯⋯⋯⋯⋯⋯⋯⋯ 12

第2章 零代码产品选型实践 ⋯⋯ 14
2.1 零代码平台和低代码平台如何选择 ⋯⋯⋯⋯⋯⋯⋯⋯⋯⋯ 14
2.2 零代码平台如何选型 ⋯⋯⋯⋯⋯ 15
2.2.1 选择零代码平台的6大维度 ⋯⋯⋯⋯⋯⋯⋯⋯⋯⋯⋯ 15
2.2.2 市面上主流零代码/低代码产品简介 ⋯⋯⋯⋯⋯⋯⋯⋯ 16

2.3 结合企业所涉细分领域进行
选型 ················· 25
　2.3.1 RPA ············· 25
　2.3.2 搭建网站 ········· 25
　2.3.3 小程序 ··········· 27

第3章 企业应用概述 ········· 28
3.1 企业应用的基础能力 ······ 28
3.2 企业应用的系统构成 ······ 30
3.3 零代码平台搭建企业应用的
原理 ················· 31
3.4 案例：利用明道云搭建企业
应用的方案 ············ 32

第4章 用零代码平台搭建应用
的步骤 ············· 36
4.1 需求分析 ············· 37
　4.1.1 什么是需求分析 ····· 37
　4.1.2 如何进行需求分析 ··· 38
4.2 应用搭建 ············· 51
　4.2.1 准备工作 ··········· 52
　4.2.2 数据的采集和存储——
工作表 ············ 53
　4.2.3 数据的不同场景呈现——
视图 ·············· 69
　4.2.4 用户的角色和权限——
用户权限 ·········· 78
　4.2.5 数据的统计和分析——
统计图表 ·········· 80

　4.2.6 流程的控制和自动化——
工作流 ············ 86
4.3 使用文档 ············· 92

第5章 与其他系统的对接
集成 ··············· 94
5.1 数据对接 ············· 94
　5.1.1 API ··············· 95
　5.1.2 Webhook ·········· 103
　5.1.3 第三方应用对接 ····· 114
5.2 账户整合 ············ 116
　5.2.1 基于OAuth 2.0的身份
认证 ············· 116
　5.2.2 基于LDAP用户目录的
认证 ············· 117

第6章 信息架构建设及案例
解析 ············· 118
6.1 企业信息架构的一般构建
方法 ················ 118
　6.1.1 Zachman框架 ······ 119
　6.1.2 TOGAF框架 ······· 119
6.2 一个简化的信息架构方法——
RPIC ··············· 121
6.3 结合案例解析RPIC方法论 ·· 123
　6.3.1 案例背景 ·········· 123
　6.3.2 案例目标 ·········· 123
　6.3.3 架构设计过程 ······ 124
　6.3.4 架构产出物与蓝图完善 ·· 130
6.4 应用实现 ············ 130

6.5 探索更多的数字化运营机会 · 134
　　6.5.1 延伸到更完整的业务环节 · 134
　　6.5.2 以客户为中心的服务延伸 · 134
　　6.5.3 自动化 · 135
　　6.5.4 洞察 · 135
　　6.5.5 业务扩展 · 135

第 7 章 实践：怎样搭建一个 ERP 应用 · 137

7.1 确定数据对象，建立数据结构 · 138
　　7.1.1 库存管理模块 · 138
　　7.1.2 采购管理模块 · 147
　　7.1.3 销售管理模块 · 155
　　7.1.4 账务管理模块 · 162
7.2 运用工作流 · 167
7.3 设计统计看板 · 170
7.4 设置用户和权限 · 175
　　7.4.1 视图配置 · 175
　　7.4.2 设置用户的角色权限 · 180
7.5 使用环节 · 183

第 8 章 实践：怎样搭建一个 CRM 应用 · 185

8.1 CRM 与零代码平台 · 185
8.2 创建数据结构 · 187
8.3 运用工作流 · 203
8.4 设计统计看板 · 206
　　8.4.1 成员看板 · 206
　　8.4.2 经理看板 · 210
8.5 创建视图 · 212
8.6 设置用户和权限 · 216

第 9 章 零代码工作和创业机会 · 219

9.1 所需要的技能组合 · 219
9.2 零代码相关的岗位 · 220
　　9.2.1 业务部门承揽自己的应用搭建工作 · 220
　　9.2.2 IT 部门将为应用治理负责 · 221
　　9.2.3 零代码小组 · 222
9.3 创业机会 · 222
　　9.3.1 平台产品 · 222
　　9.3.2 ISV · 223
　　9.3.3 服务提供者 · 226

附录　国内外厂商列表 · 228

第 1 章

认识零代码及其对于企业的意义

长期以来,企业选择业务管理系统只有两种方案:按需定制研发和租用 SaaS 系统。

(1) **按需定制研发**:有自主研发或外包研发两种方式。定制研发的管理系统在功能上能够最大程度地满足业务需求,但需要大量的投入,业务需求人员和开发人员需要付出大量的时间,而且系统开发上线速度缓慢。系统上线后,业务需求会不断增加,往往开发迭代的速度难以跟上,这就会造成需求和功能脱节,系统会越来越难用。

(2) **租用 SaaS 系统**:租用云端的行业 SaaS 系统可省去 IT 设施开发和维护的成本,能够快速投入使用,但这些标准的 SaaS 系统只解决行业内的通用业务需求,无法满足每个企业的差异化需求。别人适合使用的系统,自己未必就适用。虽然 SaaS 系统也可加入新功能,但用户提出的新需求并不能快速实现,因为 SaaS 厂商既需要评估新功能开发的回报率,又需要考虑新功能对全体用户的价值。

对企业来说,若是能高效构建和灵活修改业务系统,以此来满足企业不断变化的业务需求,那就完美了。如果有一种方案,既能像定制研发系统那样满足企业个性化需求,又能像标准的 SaaS 系统那样只需要投入很低的成本,那必然是企业进行数字化改造的福音。零代码应用开发平台正是这样一个工具,它能让企业通过低廉的成本用上一个称心顺手的管理系统。

1.1 什么是零代码应用开发平台

零代码应用开发平台是一种业务人员不需要写代码就能快速构建应用程序的开发平台。在正式介绍零代码应用开发平台之前，我们先介绍与它紧密相连的低代码应用开发平台[⊖]。

1. 低代码应用开发平台

低代码应用开发平台（Low-Code Application Platform，LCAP）是由著名的研究机构 Forrester 于 2014 年提出的。Forrester 对低代码应用开发平台的定义为"通过少量代码就可以快速生成应用程序，并可快速完成安装和部署的开发平台"。它既是一个工具软件，也是一种开发环境，与程序员常用的 Microsoft Visual Studio、IDEA 等代码开发环境类似，它主要服务于程序员。它提供了可视化 IDE，很多时候程序员不需要编写代码，只需要进行拖、拉、拽等操作就能完成开发工作。

目前大部分低代码应用开发平台都是开发环境和运行环境分离的，依然需要专业 IT 人员的参与。这类平台要求使用者具备一定的编程知识。具有代表性的低代码应用开发平台产品有 Power Apps、Outsystems 等。

2. 零代码应用开发平台

零代码应用开发平台（No-Code Development Platform，NCDP）就是完全不需要写代码就能快速构建企业应用并自动部署使用的应用开发平台。可以说 NCDP 是 LCAP 的一个子集。NCDP 是一个更加极端的选择，彻底消除了代码。也有咨询机构或软件厂商将 NCDP 归入 LCAP。

NCDP 将一个应用所需要的用户界面、数据模型、业务逻辑和业务流程进行抽象并封装为可配置的组件，开发人员只需通过点击、拖拽等可视化方式进行配置即可开发应用，这让没有编程经验的业务人员也可以快速搭建出满足企业个性化需求的 CRM、ERP、项目管理等企业级应用，而且在一个平台内，不同应用之间数据可以互通，这解决了信息孤岛的问题。

NCDP 一般都是 SaaS 软件，天生具有云计算能力，企业用户无须再购买 IT 设施即可使用，这减少了企业投入成本。在 NCDP 上，开发环境就是运行环境，无须进行安装和部署，从而实现了应用的快速开发和上线。最具有代表性的 NCDP 产品有

⊖ 零代码应用平台和低代码应用平台都属于应用平台。

Smartsheet、Airtable、明道云、简道云和轻流等。

1.2 零代码的演进与特点

不写代码，或者写很少的代码来构建软件并不是全新的概念。在 20 世纪八九十年代，企业级软件尚处于发展的早期阶段，但已经出现了影响力很大的标杆型零代码产品，比如 1992 年微软在 Office 套件中增加的 Access 数据库应用，再比如曾经被苹果公司收购的 FileMaker（1985 年推出）。这两个应用到今天都还在运行。本节就带领大家了解零代码应用技术的演进过程以及零代码应用开发平台发展到今天有了哪些新的特点。

1.2.1 零代码应用技术的演进

早期的低代码开发工具只能在单机或者局域网环境中运行，主要面向的还是企业 IT 专业人员，目标是建立各种灵活度比较高的业务数据库，实现常规的增、删、查、改等操作。比较典型的案例是，很多 Access 的熟练用户都不是专业的软件开发人员，但他们能够自助完成业务数据表的设计和发布，还能让某个部门共享一个数据库。

真正的应用平台（Application Platform）型产品出现在世纪之交。美国著名的财务软件厂商 Intuit 公司于 1999 年推出 QuickBase。顾名思义，QuickBase 主要用于快速构建数据库应用。这个产品在很长时间内都不温不火，直到 2016 年因为这个产品专门成立了一家独立的企业，这个产品才慢慢有了起色。QuickBase 开创了软件实现的新方式，让应用在封装好的平台上运行，而不再进行代码的编译和分发。这是解放用户生产力和扩大用户基数的关键一步，因为能够全程掌握软件开发和部署能力的企业和用户是非常有限的，而应用平台把这些繁杂和专业的技术环节统统包揽了。所以，这个门类在近几年被称为 APaaS（应用平台即服务）。

在云计算技术发展起来以后，APaaS 焕发了新的生机。构建云原生应用变得更加简单和直接，所有基于 APaaS 构建的应用显然都是不依赖服务器的（Serverless），它甚至模糊了开发和使用的边界，使用者即开发者，开发者当然也可以作为直接使用者。2014 年，Forrester 正式提出了低代码的概念，并将相关品类统称为低代码应用开发平台，简称低代码平台。Gartner 随后用高生产力应用平台（hpaPaaS）来命名这个品类。而作为 LCAP 的一个分支，零代码应用开发平台（简称零代码平台）也慢慢进入人们的视野。近两年,全行业认可了零代码/低代码平台的品类定义APaaS。在这个品类发展过程中,自然演化出3种基本技术路径。

1. 基于IDE框架的快速开发平台

这个技术路径将传统的集成开发环境(IDE)充分可视化,允许开发者使用配置面板和控制台来替代一定比例的代码编写。开发者可自由定义前端界面组件、数据源绑定方式、数据模型、业务逻辑和工作流等,系统会自动生成对应的源代码,开发者甚至可以进一步修改源代码。这条技术路径上的典型产品是Outsystems(见图1-1)和Betty Blocks,两者均在相应市场处于领先地位。

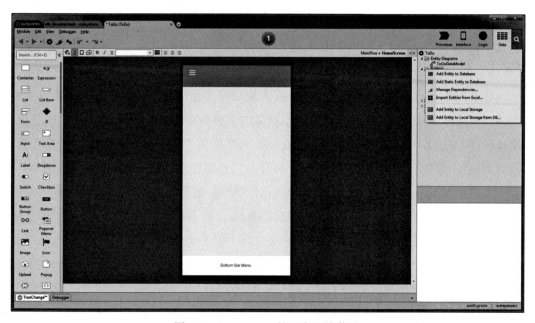

图1-1 Outsystems的开发环境截图

IDE模式的应用平台可以提供更高的灵活性,尤其是可以提供对前端界面自主控制的能力。但它依然涉及比较复杂的应用开发过程,并且其中使用了大量技术语言,生成的应用依然需要编译、发布和部署,所以主要针对的依然是IT专业人员,学习和掌握IDE模式应用平台的时间比较长。它的主要价值在于提高开发者工作效率,降低重复劳动。严格意义上说,生成代码并编译运行的平台并不能称为应用平台,只能称为开发平台。

2. 模型驱动的应用平台

在应用平台市场，另外一个技术分支"模型驱动"（Model Driven）在近几年成为新的主流选择。它进一步降低了代码开发工作量，甚至实现了完全的零代码开发。通过它，业务人员能够直接参与或完成应用开发。

所谓模型驱动，是相对代码生成和编译而言的。用户一旦在应用平台上通过可视化的方式构建了数据模型、视图形态、权限角色等，应用就可直接在平台提供的运行时环境中运行，不再需要另外编译分发。比如 SaaS 形态的应用平台，用户注册后即可直接在其上搭建和使用应用，不再需要配置独立的应用运行环境。

因为摒弃了传统 DevOps 过程，模型驱动的应用平台指数级提高了应用开发效率，也扩大了用户群体。但它也不得不牺牲应用实现的自由度，用户不可能随心所欲地设计前端界面，后端逻辑的复杂度也受到一定的限制。话说回来，大多数企业软件，尤其是要实现数据增、删、查、改类（CRUD）的应用，它们的交互范式本来就比较固定。

Airtable、Smartsheet、Zoho Creator、Monday.com，以及简道云、伙伴云、氚云和明道云都是典型的模型驱动技术路线的应用平台。这些产品更接近于一个面向终端用户的应用，而不是开发工具。

3. 相互融合的设计

由前面的内容可知，应用平台有两种截然不同的技术路径，但是特定产品可能会从这两种技术路径中取长补短。对于 IDE 模式的应用平台来说，它也可能提供预置的模板，让数据模型设计充分可视化，以此来降低用户的学习成本；对于模型驱动的应用平台，它也会引入低代码能力，允许用户用脚本语言、表达式和函数来提升灵活性。可以说，低代码/零代码品类的竞争就是产品能力和易用性之间平衡的竞争。再强大的应用平台，都不可能比得过原生代码开发模式，再简单易用的平台，如果不能满足用户的需求，也是没有竞争力的。所以融合前述两种技术路径的新技术路径出现了，典型代表就是我们本书的主题——零代码应用开发平台。

1.2.2 现代零代码平台的特点

和 20 多年前的早期产品相比，现代零代码平台的主要进步表现在：

❑ 和云计算环境的融合，让用户可以用很低的成本直接获取云原生能力。

- Web 应用技术框架的进步，让浏览器可以承载复杂的前端交互要求。
- 和移动技术的融合，让用户可以直接生成跨平台的移动应用。
- 提升复杂逻辑的交互设计水平，通过可视化的方式配置复杂应用逻辑。
- 支持性的技术框架日益丰富，包括数据库、缓存、对象存储服务、搜索引擎、容器技术、运维编排自动化等，这让零代码平台可以提供和原生代码开发完全一样的性能。

在可预见的短期未来，零代码平台肯定能够替代一定比例的原生代码开发，以大幅提高企业软件行业的生产力。围绕用户体验和逻辑实现方面的市场期待也会很快得以满足。

1.3 企业为什么要选择零代码平台

在过去的一两年内，零代码平台受到企业的关注日益增多。他们用零代码平台来实现核心业务流程的数字化，在一定程度上替代昂贵的定制开发，这也减轻了产品使用集成的负担。但究其本质，他们选用这个新门类的主要理由来自以下四个方面。

1.3.1 提升开发和部署效率

零代码平台对企业应用市场的首要价值是提高开发和部署效率。它把传统的 DevOps 流程缩短了，不再需要软件研发人员为构建一个应用而建立基本的前后台框架；通过零代码平台，开发人员也不必再为实现数据的增、删、查、改操作重复编写代码；零代码平台还去除了编译和应用部署的环节，让开发的应用可直接在平台上运行。所有这些设计，使传统企业软件开发的效率提升 10 倍不止。

因为零代码平台能够快速产出可用原型，因此搭建者和使用者只需要花费很少的时间来进行需求沟通与确认。而在传统软件开发流程中，需求沟通所用的时间成本可能占总时间成本的三分之一，甚至更多。

从整体上看，使用零代码平台搭建应用比使用原生代码开发应用到底可以提高多少倍的效率呢？根据应用性质和复杂度不同，这个倍数差距会很大。我们可以通过两个具体的例子来对比一下。

如果通过原生代码方式开发一个满足特定企业需求的 CRM 应用，则至少需要产品、研发和测试等基本开发岗位，人数至少为 4 人（研发通常会需要后端和前端各一个开发人员）。对于成熟的团队，此类项目需要 1～2 个月的时间，我们按照每个月 30 个工作日计算，那么大概需要 120 人日。

如果使用零代码平台搭建，那么仅需一个人大约工作 5 天的时间（假设 CRM 应用管理囊括从线索到收款的全部流程），也就是 5 人日。在这个例子中，两种开发方式大概能够形成 24 倍的人效差。

再举一个部门应用的例子。比如物流部门要开发一个根据订单和订单产品进行派车的应用。该应用的基本功能是将物流单派发给预先签约的物流公司和司机，并跟踪从接单到交付的全过程。原生代码开发大概需要 90 人日，而使用零代码平台搭建大概需要 10 人日。这个例子形成了大约 9 倍的人效差。

同时还要考虑到，原生代码开发所需要的人员成本一般比零代码平台开发更高。在零代码平台开发模式下，花费的主要时间在需求分析和系统设计上，真正需要动手完成配置的时间一般少于项目总时长的三分之一。而在原生代码开发方式下，这个比例也大体如此。

1.3.2 迎合业务快速变化

零代码平台越来越吸引企业用户的另一个原因是，企业总是面临多变的信息化需求。即便花费了很高的成本设计、开发和部署完成的业务系统，随着时间的推移，在业务需求不断变更的情况下，依然会变得不适用。需求不断变更让使用者很头痛，如果勉强继续使用原有的系统，业务变化无法在信息系统上体现；如果停下来修改软件，企业会有成本和时间上的负担，有时候甚至根本无法停下来。原生代码开发的项目随着交付的结束，可维护性会变得越来越差，即便开发者提供了文档和源代码，新接手的团队也很难快速上手。

初创企业在信息化建设早期，往往因繁就简，既没有能力，也没有必要去采购过于复杂的企业级软件，也不会去委托原生代码开发团队进行定制开发，而是选用一些相对简单的 SaaS 应用。如果企业能够顺利地通过初创期，扩大了业务规模，在一个特定的时刻，总是需要重新选择产品或者落实建设方案，这就会导致 IT 架构要全面升级。这种 IT 架构升级的痛苦我们在各种规模的企业中都能看到。

零代码平台产品似乎天生就是为了解决这类问题而出现的。它本身没有固有的数据架构，也不带有固定的业务流程，在具体的应用搭建完成后才拥有了这些要素。这使得通过零代码平台搭建的应用具有非常高的灵活性。当业务规模变大以后，企业往往需要更加精细化的管理过程，因此需要追加业务对象，增强数据属性。这对于零代码平台来说是小菜一碟，只要增加一组数据表，并和现有的数据对象实现关联即可，这就像修改一个应用配置一样简单。调整数据字段，修改或者建立新的业务流程也是一样的简单。通过零代码平台，企业大幅增加了自我实现的能力，不再需要依赖外包进行应用开发工作，也不需要自己建立的软件研发团队，更不会受制于固定的应用软件功能。

1.3.3　克服数据孤岛问题

在企业信息化工作中，因为孤立的定制开发项目和多种应用产品的同时使用，不可避免地带来了数据孤岛现象，这是当下企业的一大痛点。比如，在 CRM 应用中可能存在销售产品 BOM（产品物料清单）对象，而在采购和生产环节中也会存在 BOM 对象，这些对象可能是完全一致的，也可能不一致但存在关联。

为了解决数据孤岛问题，企业可以建立独立的主数据中心，将核心业务所需要的数据存储在一个统一的数据平台。近几年流行的数据中台理念大体就是这个思想的体现。零代码平台本身通过 API 集成也可以完成这个使命，而且它还可提供前中后台一体化的解决方案，也就是用 APaaS 直接构建应用，不再需要额外建立数据中台。类似销售产品 BOM 这样的对象可直接在 APaaS 平台上作为一个应用组成部分，销售、采购、仓储等业务流程均可直接引用，从而保证了数据的一致性和实时性。

零代码平台天然具有的开放性让所有使用 APaaS 管理的应用数据都可以被方便地读写，结合工作流能力，甚至能够让应用自动获得数据更新或者向外部应用系统推送数据。如果一家企业完全依赖 APaaS 产品构建全流程业务管理系统，那么就会完全解决数据孤岛问题。

1.3.4　业务开发者的参与

由于去除了对代码开发的依赖，零代码平台的实际使用者将 IT 专业人员和业务人员都囊括了进来。只在极少数情况下，才会需要软件工程师通过低代码能力解决一些局部复杂问题（比如一个逻辑判断），大部分应用的实现环节都不需要软件编程能力。当然，具有 IT 背景的人员会更加容易上手和掌握零代码工具。因为企业应用本身的复杂性，作为非开发者的业务人员，对业务流程的熟悉则成为其主要优势。

让业务人员加入应用实现过程，不仅因为这样可降低成本，还因为业务人员对要实现的目标更清晰，更容易掌控需求细节。他们设计出来的应用往往比技术开发者设计出来的应用更加符合使用场景的现实需求。尤其在制造和工程领域，大量的应用需要满足特定的现场需求，而这类应用的使用者是不同岗位人员的组合，只有熟悉具体场景的人才能知道应用应该如何构建。

在传统原生代码开发模式下，需求沟通和确认所花费的精力是相当巨大的，用户一般也掌握不了专业需求文档的编写技能。由他们编写出来的需求文档往往要么过于粗糙，要么从需求越位到了解决方案。通过零代码平台来自主实现应用，就省去了由业务人员编写需求文档的过程。

我们在接触和观察大量业务人员进行应用开发时发现，有一定 IT 素养，对业务流程熟悉的非技术人员，经过一段时间的实践，都能够成为很优秀的应用开发者。甚至，在未来的企业组织中，零代码平台的专业使用者和管理者会成为一种全新的岗位。

1.4 零代码平台在 9 大行业的应用

国家大力推行企业数字化转型，企业也逐渐认识到了数字化转型的必要性，所以很多企业都开始着手进行自己的数字化转型工程。零代码平台作为数字化转型的主要支柱之一，在企业中到底承担了什么角色？本节我们就通过案例进行简单介绍。

1.4.1 某知名三甲医院的辅助系统

医院的信息管理系统主要分为四大类别：行政管理系统、医疗管理系统、决策支持系统、其他辅助系统。目前，针对行政管理系统与医疗管理系统，市面上已经有了非常成熟的实现理念及系统解决方案。但是对于决策支持系统与其他辅助系统来说，由于其需求具有多样性与易变性，而且往往涉及每个底层医务人员，所以想要真正部署实施，面临的困难非常大。某知名三甲医院运用零代码平台搭建了一个辅助系统，通过该系统完美解决了医务纠纷管理与重点项目检查管理问题。

该辅助系统以医疗纠纷事件为核心，管理从纠纷开始到纠纷关闭的全过程。当一名院内患者对医疗过程不满时，可以向院内有关部门提出医疗纠纷事件，相关部门在辅助系统内录入事件信息，当信息审核无误后，辅助系统可立项跟进，并根据默认的任务清单生成该事件的处理任务，然后通知相关负责人。当所有任务都完成后，即可生成该事件的处理结果，如有必要还会自动通知第三方保险机构进行患者赔付处理。当外部赔付完成后，该事件将变为"处理完结"状态。

该辅助系统由医院的医务人员通过零代码平台搭建完成，现已成功投入使用，通过 API 接口完美实现了医院内部与外部保险公司的信息对接，让整个医疗纠纷事件处理过程运作无卡顿，从而加快了处理效率，避免了因医院内部流程多而杂出现的管理难题。而这只是他们的第一步，未来将有更多通过零代码平台搭建的系统陆续上线。

1.4.2 一线电器品牌的经典项目管理

某一线电器研发中心主要采用瀑布式的项目管理方式，将管理系统分为**需求、设计、研发、测试、发布**五大模块。他们在项目初期就已经做好了整体计划，在整个项目周期内严格按照计划排程执行。他们采用点对点的任务责任制，项目经理根据任务完成情况来调整项目整体进度及计划安排。

该研发中心建立的数据结构以项目、任务为主。他们通过项目页将不同里程碑任务连接起来，项目经理则通过多种可视化视图，如甘特图（时间线视图）、看板视图、列表视图来创建工作分解结构（WBS），并将任务定向分配给不同角色，同时还可调控整体项目计划，管理项目进度；而项目成员，在任务页查看自己的任务清单，各司其职，完成一个或者多个项目。

该研发中心利用现有的零代码工具，整合研发工具链，通过构建一站式项目管理平台，来管理从需求收集到应用发布的整体过程，提高了管理效率。而零代码具有的强大的用户自定义和百分百特色定制功能，完美契合了研发团队的管理需求。

1.4.3 上海市静安区某街道办疫情监控系统

2021 年春节期间，国家卫健委推出应对疫情的春运返乡政策，全国各省市、乡镇地区的新冠肺炎疫情防控工作都紧锣密鼓地部署开来。疫情防控，唯快不破，上海市静安区某街道办为了响应政策，运用零代码工具快速搭建五个管理模块，分别覆盖**返乡人员管理、聚会活动申请、抗疫物资申领、酒店住客排摸、街道居民排摸**五个方向，从人员到物资，从各基层人员到各级领导，全面部署，整体管控，保障了人们正常生活。在整个疫情防控过程中，该街道办通过自建系统使疫情监控触及率达到 100%。

1.4.4 零售企业的线下线上一体化

某零售公司为了改善自动售货机的管理现状,用线上智能化管理替代每日定时定点的人工维护。他们将机器和商品作为记录添加到由APaaS构建的工作表上,再通过Webhook与线下实体售货机进行对接,把零代码平台开发的系统作为后台终端,用于记录售货机的订单,监测每个售货机当前货品数量,提前给相关人员发送补货通知,自动生成零售报表,为内部决策提供有效依据。该系统大幅节省了重复工作投入成本。

1.4.5 空调名企的设备一条龙服务

某空调服务商专注于专业空调方案设计。他们通过零代码平台解决了设备维修管理问题。首先,他们在云平台内录入设备信息,维护好对应设备的相关阈值。然后,该公司使用空气质量检测仪,通过Webhook与系统对接,来获取空气温度、湿度、HCHO等相关参数,每隔15分钟,将当前设备的室内环境参数传输回云平台内,再把传输回来的参数与设备信息比较,校正当前环境质量,并得到该设备的实时状态。如有设备实际值超出或者低于指定参数,在系统内会即时自动发送一条预警信息,通知相关人员进行设备排查。

该空调服务商通过零代码平台搭建的应用,功能涵盖了前端数据的采集验证、工单的自动派发,以及最终的设备维修验收,在这过程中还包含一些通知流和审批流,实现了整个设备维修的自动化管理。

1.4.6 领先IT服务商的物联网集成方案

某世界领先IT管理可视化解决方案提供商,主要面向金融,能源和交通等行业提供服务。利用APaaS能力,他们在自己的产品中直接整合了灵活的流程平台,使得IT设备监控过程和业务流程可以在一个平台中完成。客户因此不再需要分别投资不同的系统,通过该服务商的产品实现了监控结果和业务流程的自动化对接。

1.4.7 养老行业的线上智慧化

某医药集团下属子公司,致力于以科技改变养老产业,他们希望通过构建智慧养老、养老服务运营、康养人才培训三个服务板块来填补养老市场的缺失,从而实现用科技手段提高养老机构和社区为老服务网点的运营能力。在自身缺乏IT技术背景的前提下，该公司通过零代码平台推进养老产业的智慧化运营，针对线下散乱的老人管理、后勤管理、订单管理、护理任务、活动管理、人事行政等实现了线上化、智能化，从而提高了管理效率，降低了人工成本。他们把通过零代码平台构建的应用部署到各养老机构，员工通过该应用可以更方便快捷地进行协作沟通，及时记录老人的健康、生活、就医等情况，管理者通过该应用可以查询老人和业务信息，从而减少了数据遗漏，增强了数据沉淀。该应用通过对接集成功能，使前端大屏与后端平台系统打通，让政府相关管理人员可以通过大屏掌握当地养老数据。该公司的一系列操作开拓了养老服务行业线上化、智慧化服务市场。

1.4.8 轨道行业的零代码实验室

为了更好地提升城市轨道交通重点工程项目的数字化管理水平，提高各工作链条的协同效率，某铁投集团以企业数字化转型为切入点，在2019年7月成立了数字化协会后即推出了首个信息化项目专题——**零代码实验室**。

同年11月，该铁投集团规划设计部与总经办信息室联手，以数字化协会的零代码实验室为载体，将零代码与推动城市轨道设计管理工作有机融合。通过零代码平台，所有员工都能轻松自如地DIY自己的工程管理、设计管理等信息系统，员工在梳理好业务逻辑后，利用拖、拉、拽等简单操作和系统配置方式，便能轻松完成过往专业团队需要几周、甚至几个月才能完工的系统搭建工作。

通过5个月的创新尝试，基于自身业务，规划设计部成功搭建出3号线土建施工图纸管理、轨道交通变更程序、轨道交通变更台账及督办管理、轨道交通土建设计管理、轨道交通报建工作管理、党支部移动互享图书馆等多个新应用。同时技术委员会管理、机电设计类管理等新应用也正在陆续完善中。

1.4.9 汽配行业的客户管理系统

某汽车配件公司为了有条不紊地管理众多客户和业务细类，使用零代码平台搭建出自己的客户管理系统。该系统包含六大版块：客户管理、客服、跟单、仓库、财务和管理层。该公司针对每类业务铺设CRM应用，用于存储和管理客户信息、订单信息、操作记录、项目报告等，目的是确保服务客户的全过程信息皆有记录，随时追溯。通过业务员建立的客户基本资料会提交给外部保险公司审核，并根据客户业务所处阶段的不同，在系统里改变相应的客户状态。

而任何门店在承接各个客户的工单服务时，都会自动生成操作记录，并由操作人记录操作的内容，这不但可以保证服务流程的规范性，还可在有问题时迅速做出响应。另外，涉及出库、备货的操作记录，系统都会自动完成库存表上的数据更新；涉及采购、报销等财务操作，系统也配有审批工作流，会自动将申请推送至财务部；针对所有需要确认交付的订单，系统会根据订单汇总入账到财务应用中，方便财务清算业绩。

利用报表功能，管理者可以自由配置统计图、报表、按钮、富文本等内容。应用中的管理看板可清晰呈现所有销售数据和客户数据，通过管理看板管理者可快速掌握业务全局。

第 2 章

零代码产品选型实践

2.1 零代码平台和低代码平台如何选择

虽然零代码平台可以帮助企业极大地降低研发成本,同时能快速上线满足个性化需求的业务流程,但零代码平台并不是无所不能的,也是有能力边界的,无法满足一些特殊和极其复杂的业务需求。这时可以选择低代码平台。如何选择零代码平台和低代码平台?我们只需从两个方面进行评估即可。

1. 是否需要开发人员参与

如果一个业务专家团队或咨询团队需要为公司或客户提供一套业务系统,但是团队没有开发能力,且不准备提供专职的"代码开发"岗位,那么必须选择零代码平台。因为使用低代码平台需要具备一定的 IT 能力。零代码平台可以让你在没有足够 IT 能力的情况下自行创建、部署和使用业务系统,而且可以方便地调整和更新系统设计,以跟上快速变化的业务和客户需求。

2. 是否对 UI 和业务逻辑有极高要求

零代码平台的界面布局和交互都遵从统一的设计范式和业务模型,界面布局不可能完全自定义设计,而低代码平台可以根据需求修改界面布局。因此,如果对界面布局有特殊要求，只能选择低代码平台，但开发过程需要具备一定 IT 能力的开发人员参与。同样，在零代码平台中，业务逻辑的处理也是基于可抽象的流程模型展开的，如果你的业务逻辑极其复杂且需要的交互响应要求很高，那么零代码平台很难满足，此时选择低代码平台是比较适合的。

2.2 零代码平台如何选型

2.2.1 选择零代码平台的 6 大维度

市场上零代码平台产品的实现和工作原理基本一致，但也都有各自的特点，我们通过以下几个维度来帮助大家选择一个适合自己企业的零代码平台。

1. 访问速度

仅访问速度这一指标，就能将国外绝大部分零代码平台产品排除了。虽然很多具有创新性、优秀的软件产品都在国外，但是国外的产品都有一个严重的问题——访问速度很慢。如今零代码平台产品在国内也已经相当成熟，丝毫不弱于国外产品，因此建议优先选择国内的零代码平台产品。

2. 基础功能

零代码平台都由表单、流程、报表和权限这 4 个引擎模块组成。目前国内市面上的产品提供的功能大同小异，只不过侧重点不同，我们可以从零代码平台官方网站中提供的解决方案和客户案例中寻找与自己企业类似的场景，以此判断该产品是否适合自己的需求。

3. 易用性

一个不用看说明文档、不需要培训就能让所有人都会使用的产品绝对算是一个易用的产品，当然，这只是易用性的一个极端，根本不可能达到，任何可用的、功能丰富的产品都需要一定的学习成本。

易用性对用户来说意味着易于学习和使用、可减轻记忆负担等。搭建同样的业务应用，如果产品易用性不高，用户就要进行更多操作，而操作越多意味着学习时间越长，也意味着犯错机会越多。使用和学习成本低的产品一般都是优秀的产品。何况，零代码平台与低代码平台、原生代码开发相比，其中一个关键优势就是使用和学习成本低。

4. 产品价格

价格几乎是所有产品的选择指标之一，什么样的价格合理，主要看企业自身的预算能力。在比价方面，主要看产品的收费模式，每家产品都会给出收费明细，企业可结合自身的需求和消费能力确定这个产品是否适合自己。

当然，不能一味地寻找最便宜的产品，一旦购买使用，再想更换平台，要额外付出的成本是很高的。这里所说的成本包括新产品评估成本、不同系统间数据迁移成本等。

5. 跨平台支持

移动互联网已经发展了10多年，大家已经习惯在Web端和移动端进行工作的无缝切换。如果一个应用无法在移动端进行操作，那可用性将大大降低。应用在移动端的存在形式主要有以下3种，在选择零代码平台时，可重点关注其对这3种应用的支持。

- 独立的App：App需要通过官方网站或手机应用市场下载安装。原生App在移动设备中的操作体验是最好的，尤其是在消息提醒、操作体验等方面。
- 微信小程序：集成在微信中，可以通过微信账号一键登录，用户不用单独安装App，灵活轻便。
- H5页面：H5页面主要用于适配手机浏览器的访问，平台如果集成了企业微信或钉钉，那么在企业微信中打开的页面也是H5页面。

6. 培训和支持

前面讲过，任何软件产品都需要一定的学习或培训成本，软件厂商都会提供完整的使用说明文档或教学视频，并且为客户提供必要的、及时的技术支持，这对于初学者快速掌握相关使用技巧非常有帮助。所以企业选择零代码平台时，要考虑如下两点。

- 帮助文档和视频：我们要关注零代码平台商是否提供完整的产品说明文档和教学视频，还要看相关内容的更新是否及时。
- 技术支持：一旦投入使用，企业必将倾注大量的精力，若零代码服务提供商的服务不给力，企业使用体验将大打折扣。所以是否有强有力的技术支持成为零代码平台选型条件之一。技术支持的渠道有很多，一般有在线客服、问题工单、售后电话、客户微信服务群等。

2.2.2 市面上主流零代码/低代码产品简介

零代码产品在美国已有近20年的发展，国内零代码产品市场在2015年开始进入快速发展期，而 2019 年被认为是国内零代码市场的风口元年，市场上相继出现了很多明星产品。本节就为大家介绍一下国内外优秀的零代码 / 低代码产品。

1. Outsystems

Outsystems（www.outsystems.com）发布于 2001 年，是全球领先的低代码开发平台。Outsystems 将低代码功能与高级移动功能相结合，可轻松与现有系统集成，让软件开发人员和业务用户通过直观的可视化界面来构建应用程序。不过，Outsystems 是 IDE 驱动的开发平台，使用者需要具备一定的 IT 基础。而对于没有 IT 编程、运维基础的人员，Outsystems 的使用门槛较高。

2. Mendix

Mendix（www.mendix.com）发布于 2005 年，旨在帮助企业改善创新方式。开发人员可使用可视化模型，在 Mendix 上构建应用程序，这种方式不仅简单、快速，而且非常直观，可帮助开发人员和业务分析人员构建强大的应用程序，而且无须编写代码。业务领导者和 IT 部门成员之间可以借助 Mendix 共享语言，以此来快速构建专业的应用程序。

3. Power Apps

Power Apps（powerapps.microsoft.com）发布于 2016 年，是微软在低代码领域布局的一款产品。使用 Power Apps 构建的应用包含丰富的业务逻辑和工作流功能。此外，使用 Power Apps 构建的应用具有响应式设计的特点，可以在浏览器或移动设备上无缝运行。

2018 年，微软将 Dynamics 365 平台、Power Apps、Flow 和 Common Data Service 整合成了统一的低代码平台产品。在这个过程中，微软用附加的企业级功能加强了对服务器端逻辑、业务流程、高级安全性和专业开发者的支持。

需要说明的是，要在 Power Apps 平台内搭建完整的企业应用，还需借助 Power BI、Power Automate 和 Power Virtual Agents 三个产品来补充数据分析、流程控制和自动化的能力。

4. 伙伴云

伙伴云（www.huoban.com）是发布于 2012 年的零代码平台产品，原名是伙伴云表格，由伙伴智慧（北京）信息技术有限公司运营，其创始团队是国内知名的 Discuz! 原班主创团队。

伙伴云从表格起家，天生具备强大的数据处理能力，搭配可灵活定制的流程引擎，可为企业提供全流程定制的经营管理系统。通过伙伴云平台提供的灵活、强大、可视化的 PaaS 底层操作系统，可以构建出面向教育、金融、IT、工程、政府等不同行业，服务于获客、销售、实施、售后、财务核算等多环节的解决方案，从而满足中小企业高速发展的个性化诉求。

伙伴云 UI 界面类似于 Excel，流程配置方式与传统的流程图相似。图 2-1 和图 2-2 所示分别是伙伴云的表格设计界面与流程配置界面。

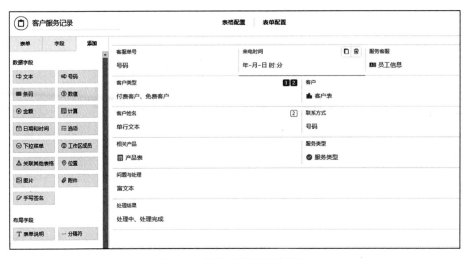

图 2-1　伙伴云表格设计界面

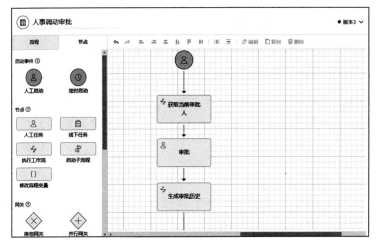

图 2-2　伙伴云流程配置界面

5. 明道云

明道云（www.mingdao.com）发布于 2019 年，由上海万企明道软件有限公司（简称明道云公司）运营。在发布明道云这款零代码平台产品之前，明道云公司做了多年的企业协作类 SaaS 产品，一直是国内协作 SaaS 软件的领导者。明道云定位于数字化企业伴侣，通过灵活的功能组件，让非技术人员也能搭建个性化的 CRM、ERP、OA、项目管理、进销存等系统，帮助管理生产、销售、采购、人事等所有企业活动，并能集成在企业微信和钉钉中。另外，明道云提供了原生 App，所以其在手机端的使用并非完全依赖钉钉或企业微信，这也是其与其他厂商产品相比具有的一个优势。明道云曾服务过中央人民广播电台、中国人民银行、中铁三局、艾默生、华润置地、爱屋及乌等知名机构或企业。

明道云通过工作表、视图、角色权限、工作流、统计图表、自定义页面六个组件模块实现企业应用的搭建。相对于其他零代码平台产品，明道云的 UI 交互更出色，其完全摒弃了逻辑关系的代码编写、函数编写等操作，完全通过点击拖拽的可视化方式实现应用开发，让非技术人员也可轻松快速掌握。

图 2-3、图 2-4 所示分别是明道云表格设计界面和流程配置界面。

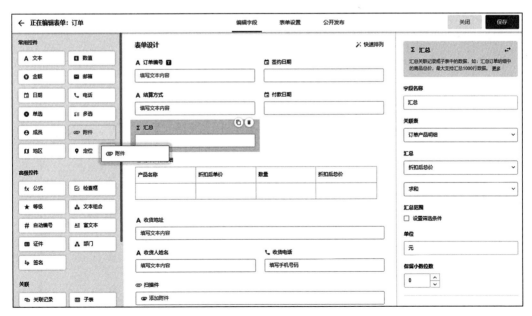

图 2-3　明道云表格设计界面

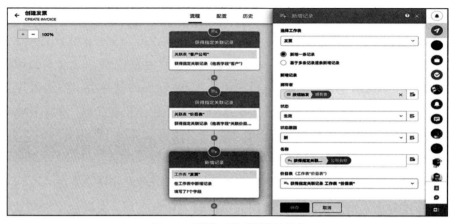

图 2-4　明道云流程配置界面

6. 简道云

简道云（www.jiandaoyun.com）发布于 2014 年，致力于帮助非技术人员快速搭建企业应用，帮助企业规范业务流程、促进团队协作、实现数据追踪。

简道云是南京帆软软件开发的一个子产品。帆软软件是国内专业的大数据 BI 和分析平台提供商，专注商业智能和数据分析领域。依托帆软软件的技术基因，简道云天生具备较强的数据处理和统计报表能力。

图 2-5、图 2-6 所示分别是简道云表格设计界面、流程配置界面。

图 2-5　简道云表格设计界面

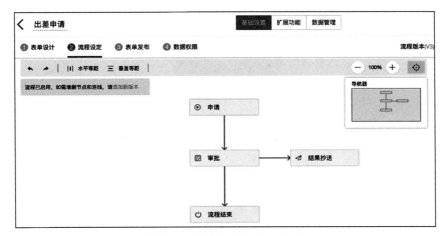

图 2-6　简道云流程配置界面

7. 轻流

轻流（www.qingflow.com）发布于2018年，其创始团队来自上海交通大学，年轻有活力。轻流的前身是一款结合表单和简易流程进行协作管理的软件——"申请通"，后升级为如今的零代码平台产品。

轻流平台的主要核心模块是表单、流程、报表、权限等，通过这些模块可以让业务人员自定义企业业务流程。面对企业上云的大环境，轻流可帮助企业快速享受技术带来的企业管理方面的便捷。

图 2-7、图 2-8 所示分别是轻流的表格设计界面和流程配置界面。

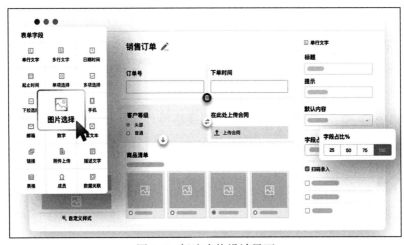

图 2-7　轻流表格设计界面

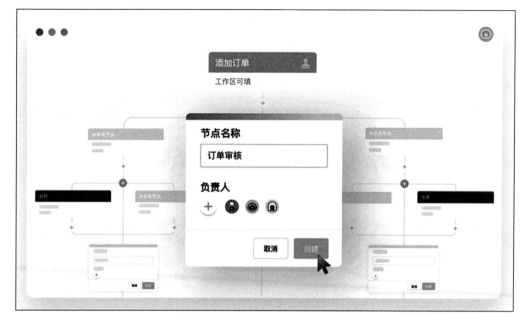

图 2-8　轻流流程配置界面

8. 宜搭

宜搭（www.aliwork.com）发布于 2019 年，是阿里巴巴企业智能事业部研发的零代码平台产品。该产品的命名取适宜搭建、容易搭建之意。宜搭项目从 2016 年 10 月启动，次年 3 月正式在集团内上线并推广运行。经过 2 年多时间的发展，宜搭已经从襁褓中的婴儿，逐渐成长为承载了阿里集团以及近 40 家生态化公司进行企业协同、办公的 PaaS 平台，并于 2019 年 3 月在阿里云正式对外发布。

宜搭平台基于阿里云生态的钉钉平台开发而成，核心功能组件依然是表单和流程。基于这些基础能力，企业结合自己的业务场景可搭建出丰富多样的办公、管理类应用。

图 2-9、图 2-10 所示分别是宜搭平台的表格设计界面和流程配置界面。

在正式选择零代码平台之前，我们应结合 2.2.1 节介绍的内容，从多个维度来对产品进行考量评估，最终确定一个最合适自己业务需求的零代码平台产品。

图 2-11 所示给出了几个国内主流零代码平台产品的功能对比，希望这个图可以为大家选择零代码平台提供参考。

图 2-9　宜搭的表格设计界面

图 2-10　宜搭的流程配置界面

产品 Logo	明道云	伙伴云	简道云	轻流	宜搭
交互体验	数据可视化，布局设计非常完美，界面清新大方，使用体验流畅	布局偏压抑，按钮居多	简洁美观，界面风格稍稍沉闷	首页排版是亮点，但是整体色调偏压抑	简洁美观，较为优异
工作表	控件丰富，结构布局合理，校验功能、函数功能正在开发中	控件丰富，支持高级函数，聚合表是亮点	控件丰富，支持高级函数，聚合表是亮点	控件不多，可自定义表单背景	控件丰富，校验功能较完善，但是有别于其他产品以业务模型为驱动，采用表单驱动，配置冗杂
流程自动化	独立的模块，遵循IFTTT的流程规范，提供丰富的触发器和操作节点，可轻松实现业务流程可视化，非技术人员都可轻松上手	将自动化流程细分为审批流和业务流，配置的过程涉及许多专业概念，使用者需要一定数据和技术背景，对业务人员不太友好	"流程表单"只提供审批流，自动化业务流需移步"智能助手"，可执行操作较少，体验不够流畅	只提供审批流，围绕审批的设置较为完善细致，可调用的节点丰富	流程自动化很大一部分揉到了表单设计中，"流程页面"只提供审批流
数据分析	提供四种常用类型的图表	图表类型较为丰富，提供数据仓库作为冷数据存储，从而避免了性能超载	图表类型较为丰富，支持二次分析钻取，具有专业的业务流程分析组件	图表类型较为丰富，提供精简表、明细表、日历视图、甘特图、汇总表等	图表类型较为丰富，提供指标卡、漏斗图、热力图、混合图等
数据导入导出	✓	✓	✓	✓	✓
API 对接	✓	✓	✓	✓	✓
低代码扩展	✓	✗	✓	✓	✓
私有部署	✓	✓	✗	✓	✓
多端能力	桌面客户端、移动端、小程序，可与钉钉、企业微信对接	移动端，可与企业微信对接	小程序，可与钉钉、企业微信对接	移动端，可与钉钉、企业微信对接	移动端，可与钉钉对接
收费模式	提供免费版，按照license收费，私有部署性价比高	按照license收费，私有部署较昂贵	起始license价格较低，一般情况下还需要购买各类补充包	起始license价格较低，但是一般情况下还需要购买各类补充包	起始license价格较低，但是一般情况下还需要购买各类补充包
设计亮点	业务流程自动化+OA协作套件	综合性高	BI（数据智能分析）	自动化的审批流程	综合性高

图2-11　国内主流零代码平台功能对比

2.3 结合企业所涉细分领域进行选型

随着 IT 技术的发展和劳动分工不断细化，旧有的工具已经无法适应新时代的工作需要。近十年，零代码的理念和技术已经深入到 RPA、小程序、搭建网站等细分领域，且不断影响着大家的工作方式和内容，本节从零代码平台对这些细化领域影响的角度介绍如何结合企业所涉细分领域进行选型。

2.3.1 RPA

机器人流程自动化简称 RPA（Robotic Process Automation）。根据德勤的定义，RPA 是"利用用户界面的软件以及可以在任何软件上运行的系统，包括基于 Web 的应用程序、ERP 系统和大型机系统实现基于规则的流程的自动化"。

随着企业劳动成本上升速度开始超过劳动生产率的提高速度，劳动力成本上升对企业竞争力的影响日益显现。RPA 可以显著帮助企业优化流程，提高劳动生产力。

RPA 主要应用范围包括 RPA 独立厂商、AI 厂商、云计算厂商、金融科技厂商四大类。RPA 目前尚处于发展早期，对企业的整体渗透率不高。金融行业，尤其是银行，劳动力数量多，重复工作量大，故成为最热衷采用 RAP 的行业。RPA 在金融行业的应用场景包括自动生成报表、多系统间数据迁移、跨系统自动操作等。

目前大多数 RPA 平台是由设计平台、机器人、控制平台这个三件套组成。

- 设计平台：编辑工具，利用可视化界面设计出各种自动化的流程。一般通过丰富的内置预构建活动模板和集成的多种编程语言来提升产品易用性、可扩展性和编辑效率。
- 机器人：负责执行设计平台设置好的流程，运行方式有无人值守和有人值守两种。无人值守可在包括虚拟环境在内的多种环境下运行，有人值守需人来控制流程开关。
- 控制平台：用来集中调度、管理和监控所有机器人和流程，功能包括机器人集群管理、流程任务分发、定时开启计划等，这大大提高了机器人的利用率。

典型的 RPA 厂商有 UiBot、云扩科技、金智维、艺赛旗、影刀 RPA。

2.3.2 搭建网站

虽说如今已经进入移动互联网时代，但是使用计算机浏览网页仍然是用户获取信息不可或缺的手段，尤其是金融、科技、互联网等第三产业，每日需要使用计算机搜索、查询大量信息。随着云计算和网络技术的不断发展，搭建网站的门槛也变得越来越低。一些人搭建网站是因为个人兴趣，有些人则通过它来创业，也有些人用网站来实现想法和创意。

十几年前，我们需要用网页三剑客——Dreamweaver、Fireworks、Flash——来搭建网站。后来，又有了Wordpress，其功能强大，拥有很多好用的插件和模板，大大降低了个人建站的门槛。如今，大量零代码搭建网站工具出现，这些工具可以帮助你在不写代码的情况下快速搭建网站。

从搭建网站目的的角度来看，搭建网站工具可分为一般企业门户、内容平台以及电商几个方向，这些方向都有许多零代码平台产品可以选择，下面就为大家盘点一些知名度较高的平台。

1. Wordpress

Wordpress（www.wordpress.com）是国外非常知名的一个搭建网站的系统，更适合内容方向的网站建设。Wordpress用户群体庞大，最早是一个博客CMS系统，现在各类网站都可以搭建。使用Wordpress搭建网站时，开始只是一个框架，开发者要自己搭建其他内容。Wordpress有很多主题和插件可供选择，需要什么功能，开发者自行安装相应插件即可。

2. Webflow

Webflow（www.webflow.com）是一款无须通过代码就可进行响应式网站搭建的平台，通过它可以搭建出各种类型的网站，包括企业网站、博客站点、商城站点等。在Webflow中，每个元素都像代码那样提供了非常多的属性，包括布局、对齐、排序、边距、大小、定位、字体、颜色、背景、特效等，开发者几乎可以做出任何想要的样式。Webflow还提供了文章、页面和商城等功能，开发者可以在页面中添加相关元素，制作多功能网站。

3. 有赞

有赞（www.youzan.com）向商家提供基于微信等社交网络的独立电商系统和一体化的新零售解决方案，旗下拥有有赞微商城、有赞零售、有赞美业、有赞小程序等帮助商家进行新零售的软件产品。商家可以使用有赞搭建网上店铺。有赞支持拼团、砍价、优惠券、分销员、会员储值等上百种营销工具，以及客户管理、数据分析、行业洞察等综合功能。

2.3.3 小程序

2017年微信正式推出小程序，这让微信的能力边界得到了指数级放大。小程序的好处是不需要下载安装即可使用相关应用，它实现了应用"触手可及"的梦想，用户扫一扫或者搜一下即可打开应用。小程序也体现了"用完即走"的理念，用户不用关心应用安装是否太多的问题。

随后几年，支付宝、百度、头条等也陆续推出小程序功能，使用小程序在各大平台上与客户建立联系、提供服务已经成为后移动互联网时代的趋势。

然而，在这些平台上开发小程序仍然需要具备一些技术开发背景。没有技术人员的公司该如何是好呢？好消息是，市场上已经出现了一批不通过代码就能让用户搭建小程序的工具——零代码平台。零代码平台可以让大家通过拖拉拽和配置组件的方式生成小程序。凡科、有一云、百赞等公司均上线了小程序零代码开发工具。

第 3 章

企业应用概述

应用可以分为企业应用和个人应用，企业应用是为团队、企业等各种规模的组织开发的 IT 解决方案，而个人应用是以个人为主要服务群体开发的软件。典型的企业应用有钉钉、企业微信、ERP 等，而微博、微信等都属于个人应用，因为它们解决的是个人用户社交需求。零代码平台也属于企业应用。要想真正用好零代码平台，必须先从了解企业应用开始。

3.1 企业应用的基础能力

无论是解决什么业务需求的企业应用，都要以业务数据为中心，围绕业务数据的各种活动开发对应的应用功能。以下抽象了企业应用具备的五项基础能力，这些能力涵盖了所有企业应用的场景。

1. 数据的采集

采集数据是最基础的活动，例如 CRM 应用中客户数据、销售行为数据的录入，ERP 应用中订单的录入，项目管理应用中任务和资源的信息录入。只有先采集了数据，才能进行后续的管理活动。数据有多种采集方式，比如人工录入、通过文件导入、通过集成外部系统自动获得等。

2. 数据的呈现和管理

针对录入的数据，要根据不同的场景采用不同的呈现方式，例如，销售订单类数据可以用类似 Excel 的方式显示；在项目管理应用中，可能需要根据任务的状态，按看板的形式显示任务数据；在 OKR 管理的应用中，需要清晰展示目标、关键成果和任务之间的关系，所以需要采用类似层级树的方式显示。除了显示的方式外，还应提供选择性显示功能，比如只显示重点内容，以及提供对数据进行筛选、排序以便用户高效、快速查看数据的功能。

将数据呈给用户后，用户就可对这些数据进行管理了，例如修改、删除数据，还可以进行打印、导出等。修改一个联系人的手机号信息、删除一个废弃的订单、打印审核通过的订单、导出某段时期的订单数据等都在此列。

3. 数据的统计分析

对于采集的业务数据，需要实时进行统计分析，然后才可通过可视化的方式呈现出来，以帮助用户做出更科学、合理的业务决策。常见的可视化图表有折线图、柱图、饼图、数值图、漏斗图、透视表等。用户通过这些可视化图表可以快速了解业务发展趋势。

4. 不同用户的权限控制

无论什么规模的企业应用，大到 ERP 系统，小到一张报表都会涉及权限控制。权限一般可简化为两个层级——菜单权限、数据权限。

菜单就是一个个功能模块的集合，可以针对不同的用户配置不同的菜单可见范围，用户进入应用后，只显示为他配置好的菜单。例如，在一个 ERP 应用中，老板可以看到订单、库存、采购、账单等所有模块，财务人员只能看到账单模块。

数据权限包括数据的可见性权限、数据可编辑性权限、数据可删除性权限等。

5. 流程的审批和自动化

企业活动中有各种各样的流程，其中最重要的有两个：控制风险的审批流程，例如费用报销、采购申请的审批流程；提前设定好业务规则以实现业务环节之间自动化流转和数据自动化处理的流程。比如，在库存管理流程中，若某个商品的库存低于库存下限值就自动提交采购申请，若新线索来自北京就自动将线索的跟踪负责人指定为北京的销售人员。

3.2 企业应用的系统构成

了解了应用的基础能力后,就需要搭建应用架构以实现应用了。为了使非 IT 人员容易理解,本节将企业应用的系统简化为三个层级。

- 前端界面。
- 后端服务。
- 数据库。

若以一个简单的示例图来表示三个层级的关系,则会得到图 3-1 所示的图例。

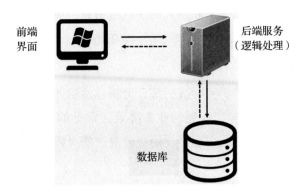

图 3-1　应用系统的三个层级的关系

1. 前端界面

前端页面主要负责数据的采集和呈现,并将用户的操作意图转换为对数据库的调用。用户直接面对的就是这一层级,例如在浏览器中打开的每个页面都属于前端页面。

2. 后端服务

后端服务主要对用户操作意图进行业务逻辑方面的处理。用户的操作经前端页面传递给后端服务,经过后端服务的逻辑处理后,向数据库发送操作命令,待数据库反馈后将结果返回给前端界面。例如,用户要删除一行数据,后端逻辑分析认为用户有权删除,则让数据库删除指定的数据,删除成功后,又会将"删除成功"显示到页面来提醒用户。

此层级主要实现了权限的逻辑控制、流程规则的审批和自动化。

3. 数据库

数据库就是存放数据的仓库，它是存储数据的载体，业务数据、行为操作日志等都需要存放到数据库中。在数据库中可以对数据进行新增、修改、删除和查询等操作。业务数据实际存放在数据库的表中，不同的数据放在不同的表中，这就像在仓库（数据库）中，不同品类的物品都会划分到不同的物品区（表）。

数据库层级解决了数据的输入和输出问题，同时可对数据进行持久化存储。

无论是自主开发的应用、购买的 SaaS 产品，还是通过 APaaS 平台构建的应用，都少不了上述三个层级。但是，对于零代码平台而言，用户是不需要花费精力去建设基础环境的，所有的数据库结构、后端服务以及前端界面都是由系统自动生成的。

3.3 零代码平台搭建企业应用的原理

企业应用为什么能够通过零代码平台快速实现？

其实零代码平台并不是真的不需要代码，而是开发者已将需要的代码都封装成了组件，用户只需将可配置化的组件按需进行配置，就能实现个性化的需求。例如，在 CRM 应用中，要构建一个表单，该表单用于存储联系人的姓名、手机号、邮箱等内容。构建这个表单时，不仅要考虑表单的构建，同时还要对所填写数据进行格式验证等。若是在零代码平台中构建这个表单，因为零代码平台会提供各种用于数据录入的表单控件，所以几分钟之内就能完成这个表单的"开发"工作。例如通过文本控件要录入姓名、住址等内容时，可直接将控件的名称设置为"姓名"或"住址"，控件自身就包含了各种数据格式验证功能。

除了配置化的功能，零代码平台还可提供底层逻辑实现。例如，删除一个作废订单、删除一个重复联系人等，无论删除什么数据，都是在删除一个"数据对象"，它们的删除逻辑是一样的，所以可以复用同一段代码实现。通过零代码实现的应用，用户只需要在前端页面点击各个数据的删除按钮就能完成删除操作，这样就不用重复造轮子了。打印、编辑、导出、排序等常用操作的实现都是此原理。

在零代码平台内搭建的应用，用户界面、交互逻辑等都遵从统一的设计范式，比如表格的风格、控件的大小、按钮的风格样式和位置等，这些都不能由用户随意改变，这里需要用户妥协。不过每个厂商的零代码平台的用户界面和交互系统都是产品研发人员经过一次次讨论评估、迭代优化后得到的，符合大部分用户的操作习惯和审美要求。

3.4 案例：利用明道云搭建企业应用的方案

本节我们以明道云为例，介绍通过零代码平台如何进行企业应用搭建。企业应用的具体实现方案如下。

通过表单可视化构建数据模型，在模型上建立针对不同角色的数据视图，通过"触发器＋动作模式"的工作流实现自定义数据动作和自动化流程，并内置数据可视化能力。应用整体上由以下几个部分构成。

1. 工作表

通过表单可视化建立数据表模型（Data Model），通过控件设置字段类型，通过关联表、公式、关联表字段和汇总实现必要的关系型数据结构。通过签名、地理位置、成员、部门、自动编号等则可简化应用对特定业务场景的支持。工作表界面如图3-2所示。

图 3-2 工作表界面

2. 视图

通过不同类型的视图来定义数据呈现的形式，包括表格、看板、层级、日历和画廊等。每个视图均可定义灵活的数据筛选条件、字段显隐规则和排序逻辑。视图界面如图3-3所示。

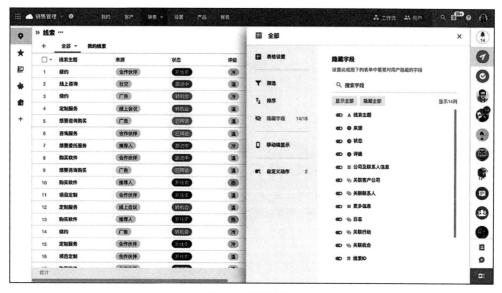

图 3-3　视图界面

3. 统计

在工作表上直接定义统计图表。明道云支持常见的条形图、折线图、饼图、面积图、透视图、雷达图和数值图等可视化图表。通过零代码平台制作的统计图表可以为个人所用，也可以发布为共享图表。统计图界面如图 3-4 所示。

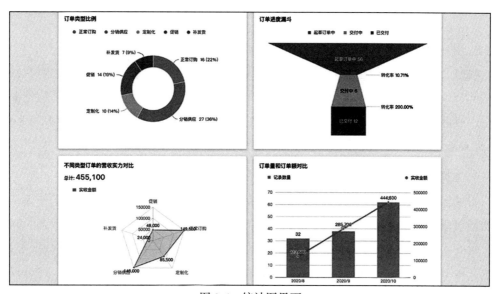

图 3-4　统计图界面

4. 自定义页面

把多个统计图表、快捷按钮等放置在特定页面，以此来搭建应用仪表台，并分发给特定的角色。自定义页面还可以嵌入外部网页和富文本内容。自定义页面的界面如图 3-5 所示。

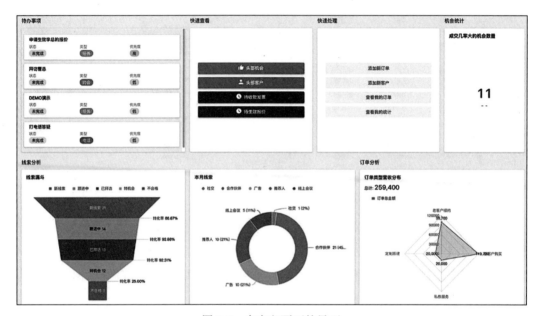

图 3-5　自定义页面的界面

5. 用户、角色和权限

明道云允许用户自定义角色，并通过简洁或完整的方式来定义每个角色对数据进行访问、编辑、删除和新增的权限。这个权限可以精细到字段级。通过在角色上增加用户或部门实现灵活的应用分发，从而使用户可以完全可视化地实现 RBAC（Role-Based Access Control），如图 3-6 所示。

6. 工作流

明道云通过一个简洁的触发器和动作节点序列支持各种灵活的自动化工作流，这个功能可以理解为企业应用中的 IFTTT（If this, then that）。数据变更、静态时间和动态时间，以及外部 Webhook 均可触发工作流。在动作节点中，可以实现数据查询、定位、更新、新增、删除等操作，也可以执行审批、填写等人工控制流程，还可以发送个性化通知和推送数据到外部 API。工作流的动作节点序列也可以通过依附于特定视图的自定义按钮手动触发。工作流界面如图 3-7 所示。

图 3-6 用户、角色界面

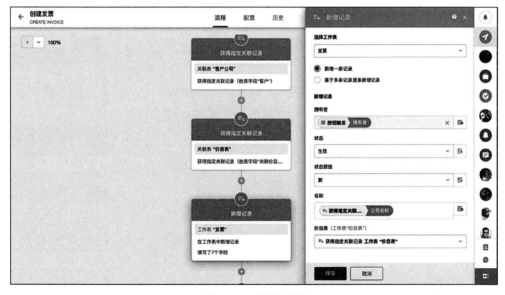

图 3-7 工作流界面

通过以上 6 个层次，用户就可以使用零代码平台构建任何基于数据管理和工作流的企业应用了。

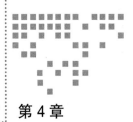

Chapter 4 第 4 章

用零代码平台搭建应用的步骤

传统的应用开发流程一般分为需求分析、架构设计、详细设计、编码、测试、部署发布和使用培训几个步骤（见图 4-1）。

1）在需求分析阶段，需求分析师从客户手里获取项目的需求并整理成文档，以确定应用要解决什么问题、做哪些功能。

2）在架构设计阶段，系统架构师根据需求，从数据库选型、技术选型、技术运用、应用整体布局和外部系统关系等方面做一个总体的解决方案。

3）详细设计阶段需要详细描绘出每个模块应该怎么实现，确定每个模块采用的算法、数据结构。

4）编码阶段是软件的实现阶段，程序员根据设计标准、规范，通过编写具体的代码以实现每个模块的功能和要求。

5）测试阶段则是站在用户的角度，通过每一个功能来发现产品的缺陷，并交由程序员纠正。测试的目的是保证交给客户的产品是一个高质量、高可用的产品。

6）部署发布阶段是将开发环境下开发好的应用部署

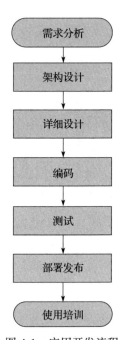

图 4-1 应用开发流程

到客户的环境下，让客户可以正常、稳定地使用产品。

7）使用培训阶段是产品上线后的最后一步，通过培训，让客户更快、更好地使用产品。

以上是传统应用项目的流程步骤。应用零代码平台构建产品时，架构设计直接自动覆盖了编码和部署环节，故只需要进行需求分析、架构设计、测试和使用培训环节。本章将对这4个环节进行重点介绍。

4.1 需求分析

"凡事预则立，不预则废"，无论开发什么产品，都需进行需求调研（或叫需求计划），这样才能确保做出来的产品符合用户期望，满足用户需求。这就像建造一栋别墅，在施工前需要准备好图纸，这张图纸就是需求分析阶段产出的内容之一。例如，需要向业主确认别墅需要建几层、每层有多少个房间、每个房间的功能是什么（卧室、厨房、书房）、面积是多少等等，需求确认好后产出图纸，按照图纸施工才能保质保量地完成项目。应用软件的开发也是一项工程，同样需要需求分析，需求分析结果的好坏，直接决定了做出的产品是否正确。

4.1.1 什么是需求分析

从不同的学科、不同的项目、不同的角度看需求分析，会得到不同的解释和看法。在应用软件开发项目中，需求分析的概念大致如下：开发人员经过深入细致地调研和分析，准确理解用户和项目在功能、性能、可靠性等方面的具体要求，将用户非形式的需求表述转化为完整的需求定义，从而确定系统必须做什么的过程。

用户需求是用户所表达的最表层的需要，而产品需求是我们给出的解决方案，用非IT语言描述需求分析就是：通过剖析用户需求的目的，来确认产品需求的过程。

在零代码平台中，进行需求分析的过程就是对业务进行建模的过程，对业务对象、业务角色、业务流程进行建模后，通过平台的核心模块功能来实现相关应用。

这里需要特别提出的一点是，并非每个应用都建议做需求分析。如果要搭建的应用用于管理的业务数据比较单一，业务流程和使用人数比较少，而且搭建者对此业务非常熟悉，那么可以直接开始应用的搭建工作，在搭建过程中对不合适的部分进行微调和备注即可。如果需要搭建的应用比较复杂，需要管理多个业务环节，那么建议先和需求方进行沟通，做好需求分析和需求确认，这样既能厘清搭建思路，又能减小搭建出不满足需求的应用的概率。

4.1.2 如何进行需求分析

在零代码平台中，我们不需要考虑个人用户的需求，例如用户注册、重置密码、修改头像等需求，也不需要考虑应用界面的风格样式等问题，这些都是平台统一设计好的。搭建应用时，只需要考虑三个方面的问题：What、Who、How。

- What：应用中管理的都是什么数据。
- Who：应用中需要参与的人员都是谁，他们的角色权限都是什么。
- How：应用中用户是如何管理数据的，数据又是如何被处理的。

1. 业务数据的需求分析和抽象

这类需求描述了应用包含哪些功能模块，各个模块解决的具体业务场景是什么。通过对数据管理需求的确认，我们可以整理出应用中要管理的业务对象，以及业务对象之间的关系，这决定了在搭建应用时如何设计工作表。

我们需要的应用可能要解决多个业务环节的需求。但在实际搭建应用的过程中，建议从一个比较简单但完整的业务环节开始，在功能实现完毕后再进入下一个环节。例如，企业的业务包括采购、订单、生产、物流、售后等环节。我们在梳理需求时可以从采购或者订单环节开始搭建应用，那先做一个简单的仅支持采购或订单功能的应用，然后逐步扩展到其他业务环节。

企业应用是以业务数据为基础构建的，梳理需求的过程其实就是对业务数据、业务活动抽象建模的过程，最终需要通过文档表达出业务实体之间的关系。

（1）如何抽象出业务数据

可以将业务数据分为以下 4 类。

- 业务实体。
- 业务活动。
- 审批。
- 业务清单。

业务实体

业务实体就是企业运营中管理的人、事、财、物等资源。员工、客户、项目、商品和账款都是要管理的对象，它们分别代表某一类事物总体。有总体就有个体，例如员工总体中有员工张三、员工李四这些个体。张三的姓名是张三，性别是女，年龄 23，状态是在职，这些都是张三自身拥有的属性，如图 4-2 所示。

综上我们将管理的业务实体抽象为三个层级：事物总体、事物个体、属性特征。抽象以后，对应到 Excel 表，事物总体就是工作薄中的一个 sheet，sheet 的名称就是事物总体的名称，例如“联系人”表；事物个体就是一行行的数据，一个员工就一行数据；属性特征就是每一列的列值。图 4-3 所示就是 Excel 中存储员工信息表的样式。

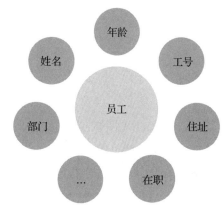

图 4-2　员工的相关属性

姓名	工号	部门	职位	性别	出生日期	员工状态
曾前志	MD-0224	MD销售部	会计	男	1992/03/26	正式
王沂冰	MD-0087	MD研发部	平面设计师	男	1990/10/09	离职
俞杭杰	MD-0365	MD产品部	运维工程师	男	1985/09/13	正式
曾前至	MD-0297	MD市场部	前台	女	1992/10/31	离职
金彪	MD-0339	MD财务部	Web开发工程师	男	1990/03/04	正式
小明	MD-0412	MD客服部	软件测试	女	1990/09/09	离职
郑祥杰	MD-0676	MD销售部	市场运营专员	女	1985/03/08	正式
邱军标	MD-0567	MD销售部	销售顾问	男	1987/03/29	正式

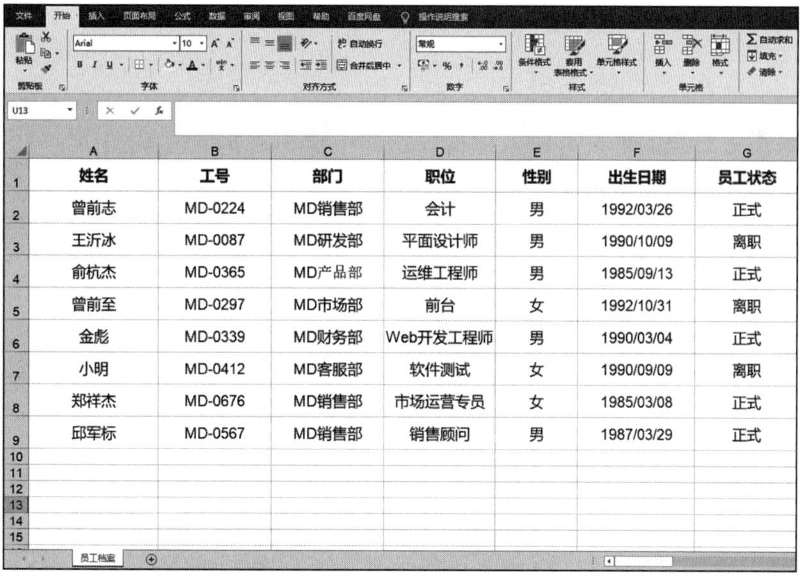

图 4-3　Excel 中的员工表样式

如何准确地抽象出业务实体呢？这里有一个简单方法：找具有归纳性质的名词。例如，今天小王拜访了王总，并现场签了订单。在这个场景中，小王、王总和订单都是个体，这些个体分别对应的事物总体的名称为员工、客户和订单，这些就是业务实体。

确定业务实体后，需要分析实体都有哪些特征属性，例如每个员工都有姓名、工号、部门、职位等属性，每个订单都有编号、签订日期、金额、状态、签约人等属性。这些属性是实体自有的属性，需要在表中创建对应的列/字段来标识这些属性特征。

业务活动

业务活动是企业经营中创造价值的行为过程。典型的业务活动都是围绕业务实体进行的业务行为，比如商品的采购、员工的入职、客户的拜访、设备的保养等。通过这几个简单场景不难发现，这些结构都是"业务实体＋动词"，因此我们可以通过这个方法快速的识别并抽象出业务活动，然后创建对应的表，例如采购表、入职表、拜访记录表、保养单等。

业务活动同样需要有相关的属性特征，例如拜访记录表中需要有时间、主题、状态、拜访人等相关信息，这些对应的就是表中的列或字段。

审批

审批是控制风险的一种管理行为，被审批的数据和审批的流程是其重要的两个组成部分。

常见的审批有以下几种类别。

- **人事类**：典型的审批有用人申请、调岗申请和离职申请等。
- **财务类**：典型的审批有费用报销、借款申请、付款申请等。
- **行政类**：典型的审批有请假申请、加班申请、外出申请、用车申请、名片申请、办公用品领用等。
- **业务类**：相对于前3类审批，这类审批因为和公司的业务操作相关，所以不同公司会有较大的差异。典型的业务类审批有订单审核、采购申请、项目变更和项目终止等。

抽象审批类数据相对简单，我们打印的纸质审批单已经帮我们抽象好了。审批单中需要什么信息，添加对应的列或字段就可以了。

图4-4所示为一个纸质的付款申请单，其上已经帮我们抽象出了审批单的名称和需要的属性信息。

由图4-4可知，付款申请单需要的属性信息有。

- 申请部门、申请日期、申请编号、付款原因；
- 收款单位、银行账号、开户行、金额、附件数；
- 单位领导、财务主管、部门主管、经办人。（这4个实际是签名或意见）

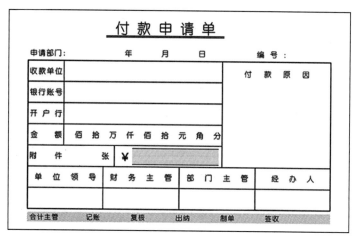

图 4-4　一个常见的付款申请单

业务清单

业务清单一般是由业务实体、业务活动或审批衍生出的数据，起到辅助说明的作用。典型的业务清单有员工的教育经历或工作经历、商品的入库明细、费用报销的支出明细等。

业务清单中的数据很容易抽象梳理出来，方法就是找不定量数据。例如，一个订单有多个商品明细，有的订单购买了 3 个产品有 3 个明细，有的订单购买了 1 个产品只有 1 个明细，那么明细就是不定量的业务数据。

业务清单严格来说也是业务实体的一种，只不过是由某一实体衍生出来的。但它的结构和业务实体是一致的，依然会有自己的属性特征。

业务实体（或业务活动）和业务清单的关系分两种：依赖归属关系和业务关联关系。例如，订单的明细数据是完全依赖于订单的，如果订单的数据被删除，明细数据也就失去了存在的意义，应作废，这种关系就是依赖归属关系。像公司和联系人，是两种实体对象，一家公司有多个联系人，但是一个联系人可能在一家公司任职，也可能在两家公司任职，也有可能没在公司任职，这种不完全的依赖归属关系就是业务关联关系。

抽象出以上 4 类业务数据后，应用的整体架构就基本确定了。在不考虑多用户权限和自动化流程的情况下，就可以实现业务数据的基本管理功能了。

（2）如何表达抽象出来的业务数据

抽象完业务数据后，需要用一个文档将它们表达出来，这个过程其实就是对业务数据进行建模。这样可以比较清晰地展示业务对象本身以及和其他业务对象的关系，并有利于和需求方沟通确认管理的业务数据。确定好了业务数据，也会为后续创建合理的表结构打下基础。常用的文档类型有 ER 图和 Excel 表。

ER 图

ER 图就是实体关系图，又称 ERD（Entity Relationship Diagram）、实体联系模型、实体联系模式图或 ER 模型，它提供了表示业务数据类型、属性和联系的方法，用来描述业务数据模型。一幅 ER 图包含不同的符号和连接符，分别用于显示两个重要的信息：主要实体及这些实体之间的相互关系。在图 4-5 所示的订单系统 ER 图中，表达了各实体的属性和各实体之间的关系，其中每一个表格框代表一个实体。以第一个客户实体为例，阴影部分表示实体的名称，即客户；下方第一个名称是实体的一个关键属性，它具有唯一性和标识性，一般为实体的编号，通过 PK 进行标识；实体的其他属性在下面列出。通过 FK 标识的属性和其他实体建立了连接，例如，订单实体需要有客户的信息，那么就应将客户标记为 FK，表示客户的信息来自客户实体中。

实体之间的关系可以通过特殊的连接线表示。例如客户和订单之间、订单和订单明细之间都属于实体之间的关系。一个客户可以有多个订单，一个订单可以包含多个订单明细；反过来，一个订单只能属于一个客户，一个明细只能属于一个订单。如图 4-5 所示，客户和订单之间的连接线表示客户实体和订单实体间的关系。

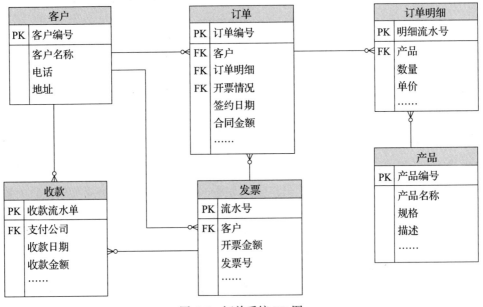

图 4-5 订单系统 ER 图

类似 ER 图这种专业图形需要通过专业的工具进行绘制,笔者推荐使用 UML、Visio 等专业软件。

概括来说,ER 图绘制的规则包括如下几个。

- **用表格框来表达一个独立的业务对象**。同一性质的主体必须放到同一个数据表中。比如我们不能有客户实体和大客户实体,客户就是客户,所有属性的客户都应该放在一个独立的客户表中。
- **在表格框的主体部分罗列描述主体的属性**。在正式的应用开发设计中,还需要定义字段类型、主键和外键,对于要搭建应用的用户来说,这些技术化内容基本可以省略,零代码平台都可自动实现。
- **用连接线建立不同数据表之间的关联**。关联关系主要包括一对一、一对多和多对多,对应的连接线如图 4-6 所示。
- **整个 ER 图的布局要注意位置关系**。具有关联关系的对象应排列在邻近位置,这样可使关联关系更容易被理解。

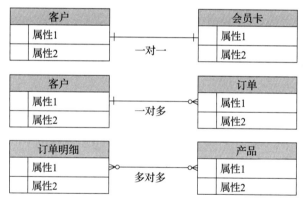

图 4-6　三种关联关系的连接线

Excel

文档的作用主要是沟通,所以只要能够正确表达出用户需求,能够梳理出清晰的结构,那么这个文档就是一种合适的文档。没有编程经验的人员,不需要也用不着专业的表格绘制工具。零代码平台开发人员只需要能够正确描述业务对象实体、属性以及和其他实体的关系就可以了,所以推荐的工具是常用的 Excel 表格,如图 4-7 所示。Excel 完全可以实现 ER 图和关系模型图的效果。在 Excel 表格中,每列表示一个实体对象,带编号的名称是实体属性;如果某实体和其他实体有关联,则用红色标注，例如，订单中的客户名称和客户实体有关联，此时就用红色的 A 表示关联了 A 客户这个实体。

A 客户	B 订单	C 订单明细	D 收款	E 发票	F 产品
1、客户名称	1、客户名称(A)	1、流水号	1、流水号	1、流水号	1、产品编号
2、电话	2、签约日期	2、产品(F)	2、公司(A)	2、客户(A)	2、产品名称
3、职位	3、订单金额	3、单价	3、付款金额	3、开票金额	3、描述
4、邮箱	4、订单明细(C)	4、数量	4、付款日期	4、发票号	4、规格
	5、开票情况(E)	5、小计	5、开票情况(E)		

图 4-7　Excel 梳理的数据结构

2. 用户权限的需求分析

用户权限描述了不同用户角色在应用中能够进行怎样的操作，其也决定了应用分发给哪些角色和用户、权限结构应如何设计。

用户权限一般有两种获取方式：一种是直接配置给用户的权限；一种是根据角色间接获取的权限，即分配给我的角色是什么身份，就自动拥有对应的角色权限。大多数平台选择的是第二种方案，这种方案的好处是员工只需要在入离职时加入或移出对应的角色就可以进出对应的应用，而不需要逐个应用进行成员的管理操作。

用户的权限范围是基于功能菜单和业务数据确定的，因此，可以通过两个层次确定某个用户角色的权限需求。先明确菜单是否可见，再确定对可见的数据有哪些操作权限。

角色权限的梳理比较简单，每个企业内部已为角色做好了命名。一个角色可以是一个人、一个岗位、一个管理层群组。在梳理角色时，先把业务中的角色梳理好，再梳理出其参与管理的业务数据。

权限的需求文档可用 Excel 实现，如图 4-8 所示，先列出业务活动中的角色，然后列出其参与管理的每一个业务表。

角色和流程是分不开的，角色和业务流程通常一起梳理，通过泳道图来标识，这部分内容在下一节再介绍。

3. 业务流程的需求分析和抽象

"业务流程是为达到特定的价值目标而由不同的人分别或共同完成的一系列活动。活动之间不仅有严格的先后顺序限定，而且活动的内容、方式、责任等也都必须有明确的安排和界定，以使不同活动在不同岗位角色之间进行转手交接成为可能。"这是

角色名	权限配置描述	成员	管理的业务表
管理员	可以管理所有内容	高管层	可查看所有表
销售经理	查看本团队下的销售数据	所有销售经理	客户表 联系人表 订单表
销售顾问	可查看自己的销售数据	一般销售人员	客户表 联系人表 订单表
财务	可查看所有订单数据和收款数据	财务人员	客户表 订单表 发票 收款

图 4-8　角色权限分配表

百度百科中对业务流程的定义。企业由不同的岗位、部门组成，不同岗位、部门之间的业务也不同，如果没有一个规范来指导这些业务的执行，那企业管理就容易出现混乱的现象，业务目标也很难顺利达成。业务流程就是为达成业务目标而设定的一系列标准化的步骤，可以体现出一项工作"先做什么，后做什么，由谁来做"的关系。流程为业务提供了标准化的程序，明确了每个节点的负责人，确保业务有序、顺利地执行。

通过上述定义，可以进一步将业务流程概括为 6 个要素。

❑ **流程发起目的**：发起这个业务流程的目的是什么。

❑ **业务输入**：发起该流程针对的是什么业务。

❑ **流程实施计划**：实现业务目标要采用什么方法，要经过哪些工作流。

❑ **参与流程的主体**：为完成业务目标需哪些人参与流程。

❑ **业务输出**：通过流程的运作，业务产生什么结果。

❑ **流程创造的价值**：该流程是否能够达成业务目标，是否能为企业带来效益。

以上六要素是业务流程的基础，企业通过业务流程来协调各种资源，从而达成企业的目标。优化业务流程，可以提高企业的效率，规范员工的工作秩序。

业务流程需要通过业务流程图来表达，图 4-9 所示为订单流程图，这就是一个简单完整的业务流程。流程需要由开始节点启动，例如提交订单就是启动流程的一个开始事件，然后往下再执行其他业务节点事件。

一个完整的采购流程如图 4-10 所示，该图所示将业务流程和角色一起通过泳道图清晰地表达了出来。

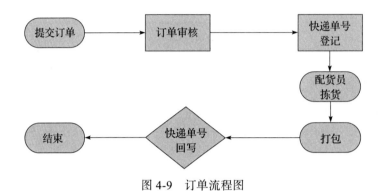

图 4-9　订单流程图

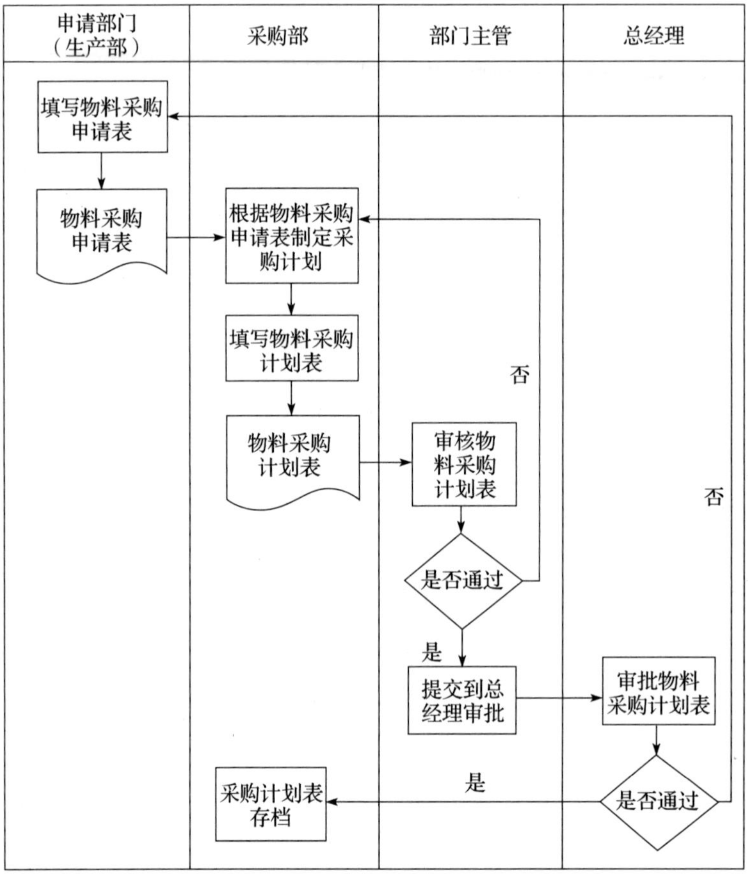

图 4-10　采购流程泳道图

这里我们也提供一个泳道图模板（见图 4-11），以便你梳理业务流程和角色。

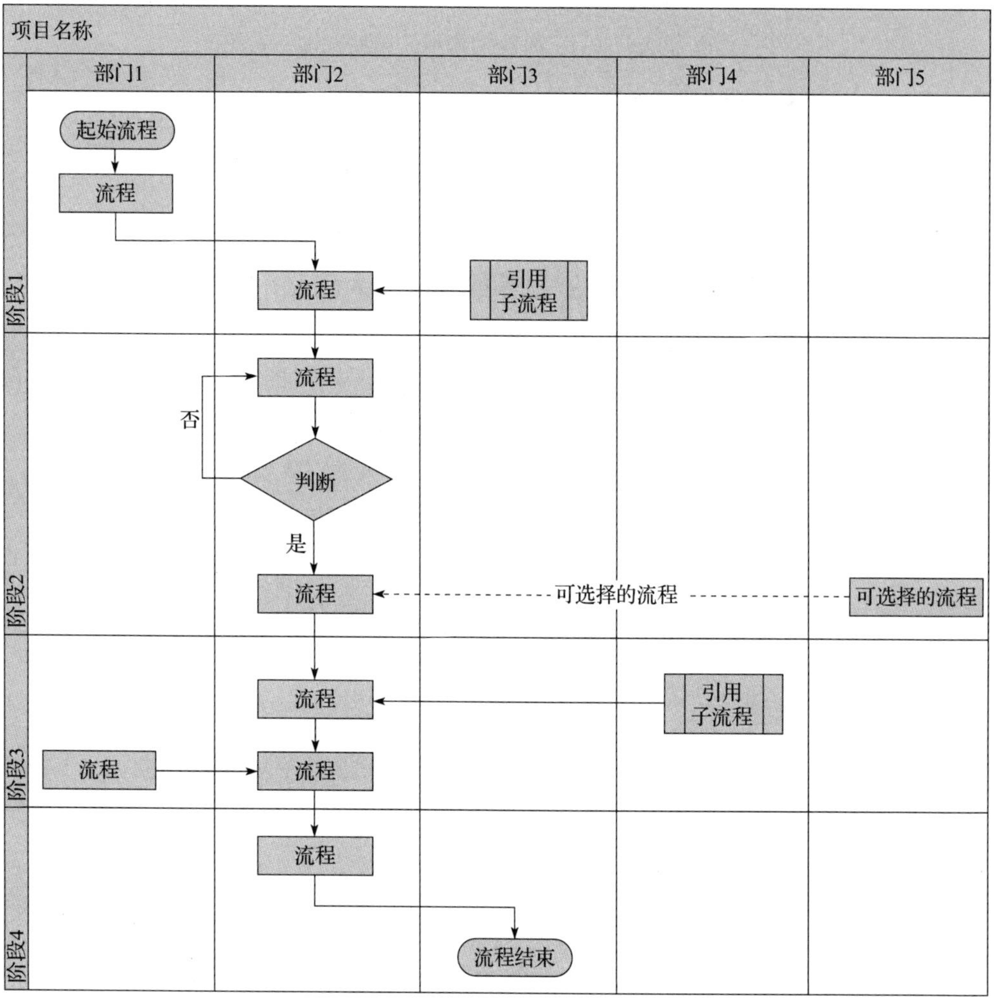

图 4-11　业务流程图模板（泳道图）

一个企业的业务必定包含了很多流程，我们在梳理流程时可以不用将这些流程放在一张图中表示，往往拆分成独立且完整的子流程会更显清晰。而且，并非所有的流程都需要梳理出来，仅梳理出自动化和审批这两种流程即可。

（1）自动化流程

前面我们讲过，业务流程中每一个节点都需要明确责任人和需要完成的操作，如果这种操作是有规律且重复的，那么就可以通过"机器人"来自动完成。自动化流程就是针对业务数据进行自动修改、自动计算、自动新增等操作的业务流程,主要目的是减少人工操作、提高工作效率。

在零代码平台中,"机器人"可以实现的操作一般分为以下几类。

❏ 新增、修改和删除业务数据。

❏ 针对业务内容进行通知提醒。

❏ 自动运算多方数据。

自动化流程的特点是,至少有一个流程节点是由"机器人"来完成的,无论是开始节点、中间节点还是结束节点。也就是说只有在至少存在一个自动处理操作的情况下,才算自动化流程。

例如一个简单的流程,当有新的销售线索生成时,销售助理会根据线索所处的地区,将该线索分配给负责此地区的销售人员进行跟进。在这个场景中,我们可以梳理好线索区域和负责人的对照规则,根据这个规则,"机器人"就可以自动将线索分配给对应的销售人员。这个自动化流程如图4-12所示。

有时一个流程的发生可能不是人为的,而是基于时间自动启动的。例如,当员工入职满一周年了,系统自动向员工发送祝福信息,并将员工的工龄增加1年,该业务流程如图4-13所示。

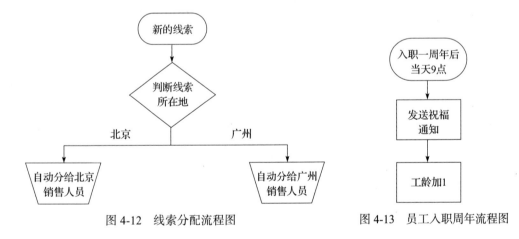

图4-12 线索分配流程图　　　　图4-13 员工入职周年流程图

一般来说,简单完整的、没有过多分支的流程,依然推荐用文本来描述。毕竟用文本梳理记录是最便捷的。图4-14所示就是前面介绍的两个流程通过文本进行描述的情况。文本描述也能快速准确地梳理出业务流程。

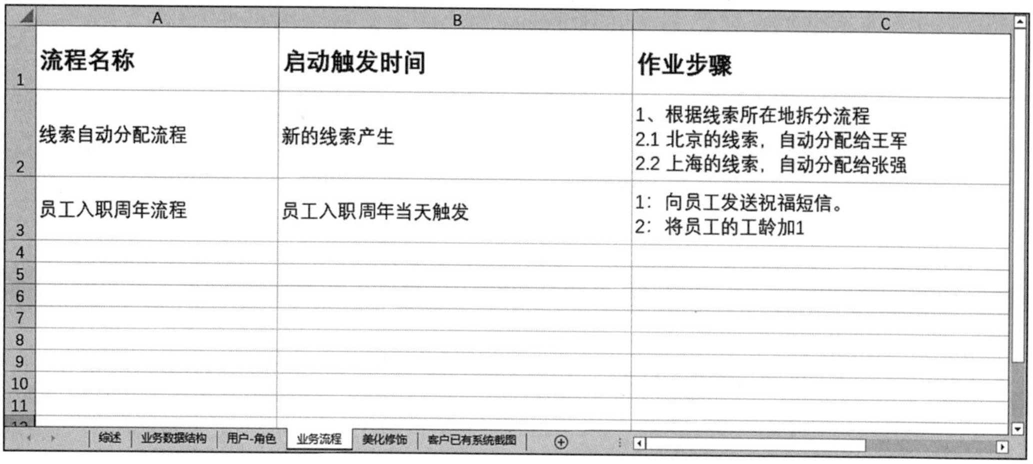

流程名称	启动触发时间	作业步骤
线索自动分配流程	新的线索产生	1、根据线索所在地拆分流程 2.1 北京的线索，自动分配给王军 2.2 上海的线索，自动分配给张强
员工入职周年流程	员工入职周年当天触发	1：向员工发送祝福短信。 2：将员工的工龄加1

图 4-14　在 Excel 中梳理业务流程

（2）审批流程

审批流程就是针对业务活动进行审批把控。要完成审批流程，需要确定每一步的审批人是谁、每个审批的操作权限都有哪些以及审批通过后要进行哪些操作等。

图 4-15 所示就是一个简单的关于费用报销的审批流程。

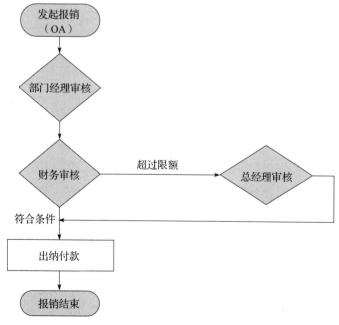

图 4-15　报销审批流程图

图 4-16 所示是某影视公司立项审批流程的泳道图，这个图更加直观。

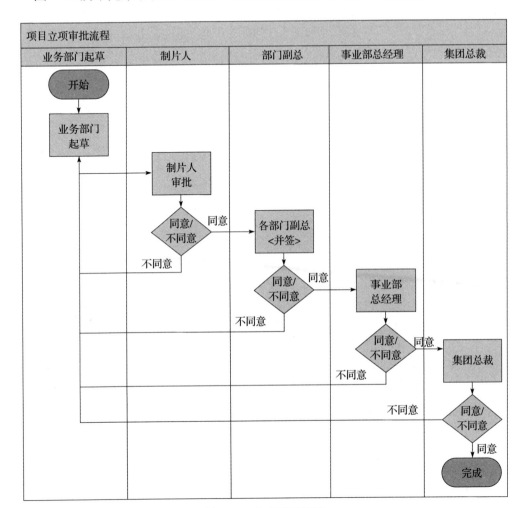

图 4-16　立项审批流程

有时一个流程的结束就是另一个流程的开始。例如，当一个商品的销售订单审批完成后（销售订单审批流程结束），商品的库存就要锁死，此时若监测到商品的库存低于下限值，就需要自动提交采购申请了（采购申请流程开始）。其实这是两个流程，一个是销售订单审核流程，一个是采购申请流程，如图 4-17 所示。

通过上面的场景我们发现，审批和自动化流程是可以结合使用的，有时审批流程中也需要一些自动化流程来处理数据。

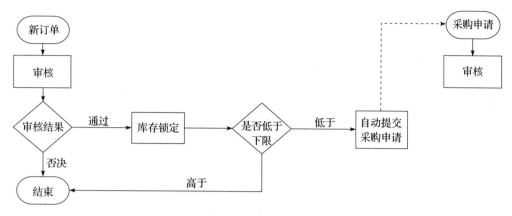

图 4-17　两个流程

梳理业务流程是相对复杂的一个环节，在梳理过程中既要适当进行拆分，又不能拆分得太分散。例如，订单审批流程和采购流程可以放在一起，也可以分开为两个流程，但是采购流程的启动并非全部基于订单的审核结果，也可能是手动提交的，所以采购申请流程应该拆分出来。

业务流程图的绘制可以使用在线的 Processon（https://www.processon.com/），也可以使用微软的 Visio，如果流程相对简单，则推荐使用 Excel。

4.2　应用搭建

应用搭建是应用开发的第二步。在零代码平台中，设计完应用的架构后，就自动完成了功能逻辑的实现，从而免去了传统开发中编码和部署的工作。

本节是实操部分，我们选择一个特定的平台——明道云 (www.mingdao.com) 来讲解和演示相关内容。学完本节之后你就会理解和掌握通过零代码平台搭建应用的方法了，即使换成其他平台你也可以快速入门和使用。这就像考驾照一样，只要学会了教练车，其他车型也会很快学会。

明道云自 2019 年 4 月份上线，截至 2020 年年底，在平台内搭建的企业应用已有近百万个，应用搭建者大部分不是专业的 IT 从业人员，但他们有一个共同特点：精通行业业务，他们在明道云平台为自己的企业或客户快速搭建的应用能够替代专业定制化软件。

明道云官方模板库提供了近百个应用模板，包括销售、人事、研发等多个职能应用，也有行业解决方案，用户可以直接安装使用。

下面我们根据前面章节中列出的企业应用包含的基础模块，分步骤讲解如何用明道云来实现一个企业应用。只要你会用 Excel 管理数据，就能够使用明道云搭建企业管理系统。不过，要想熟练使用零代码平台构建出自己期望的应用，还需要进行深入学习。

4.2.1 准备工作

在正式开始应用搭建之前，我们需要做一些必要的准备工作。

- **注册明道云账号**：用浏览器访问 www.mingdao.com，注册账号并创建一个企业组织。明道云有 14 天的付费模式试用期，足够我们学习了。
- **创建一个空白应用**：如图 4-18 所示，创建一个空白应用其实就是先创建一个应用的框架，就像你要用 Excel 录入数据，需要先创建一个 Excel 文件（工作薄），然后再在里面创建表格一样。空白应用就像一个 Excel 中新的空白工作薄一样。在创建完一个应用后，一个应用所需的 6 大功能模块就自动搭建好了，你可以在里面配置需要的工作表、统计图、工作流等。

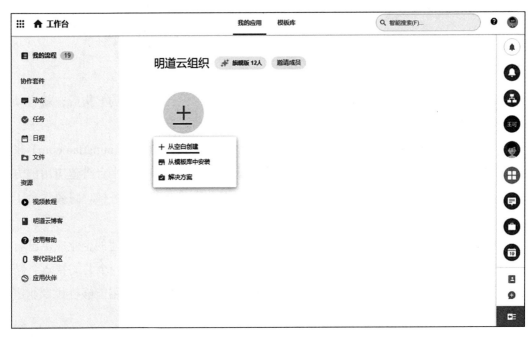

图 4-18　创建一个应用

4.2.2 数据的采集和存储——工作表

业务数据是系统的核心,数据的结构属性、不同业务数据之间的关联性等是必须要考虑的,但这些问题在开始设计时是很难一次梳理清楚的。在开发的过程中,我们总想快速看到设计的效果,并不想等全部设计结束后才看到系统是什么样子。这时零代码平台的优势就体现出来了,开发人员只需通过拖拽的方式就可搭建应用,而且可以一边设计一边预览效果,在逐步调优的过程中最终完成应用的搭建。

1. 什么是工作表

零代码平台中的工作表就像一个在线的 Excel(见图 4-19,本书所有截图中的数据都是虚拟数据),用来管理各种业务数据。通过表单控件可以快速建立一张工作表,也能够建立工作表之间的关联并实现不同表间数据的互通。工作表创建好后,就自动具备了基本的数据录入、查询、搜索、排序、筛选等功能,这也是零代码平台最直接的优势体现。除了具备在线的 Excel 表的功能外,零代码平台中的工作表还支持多用户的协作以及数据的对外分享。

数字化你的企业,从创建一张工作表开始。管理客户工作表的示例如图 4-19 所示。

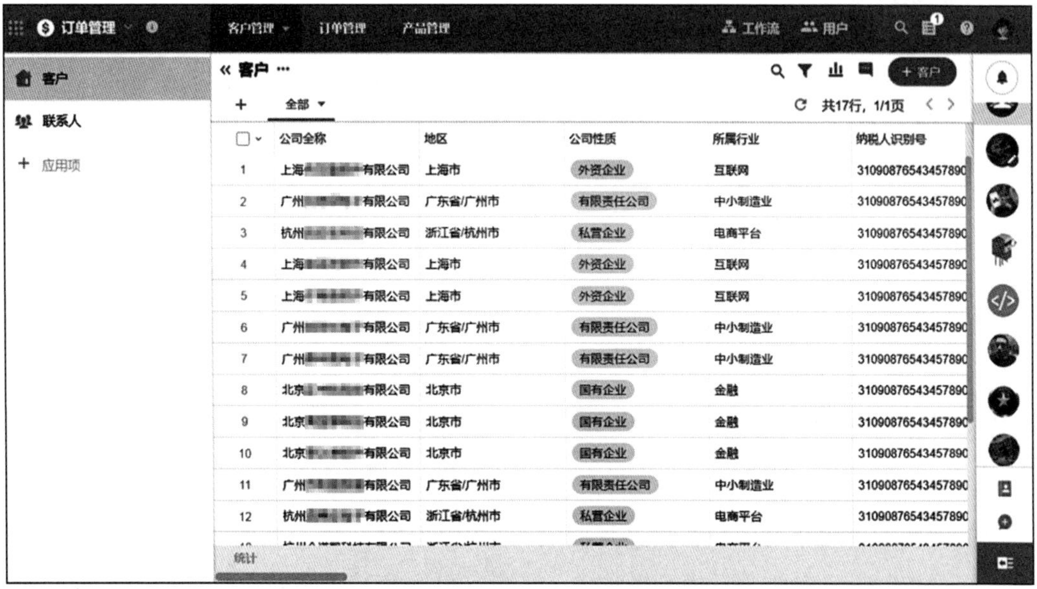

图 4-19 一张管理客户的工作表

工作表是由字段组成的，就像 Excel 中的 sheet 是由列组成的一样，字段和列都是记录数据的属性值。

通过一张对比图（见图 4-20）就可以清晰地理解工作表的结构和作用了。

工作表	Excel 表
现实世界、概念世界	计算机世界
事物总体	sheet
事物个体	行数据

图 4-20　Excel 和工作表的结构对比

工作表可为单个数据对象自由配置字段的布局模板，使得业务数据在录入或查看时更加美观和便捷，如图 4-21 所示。

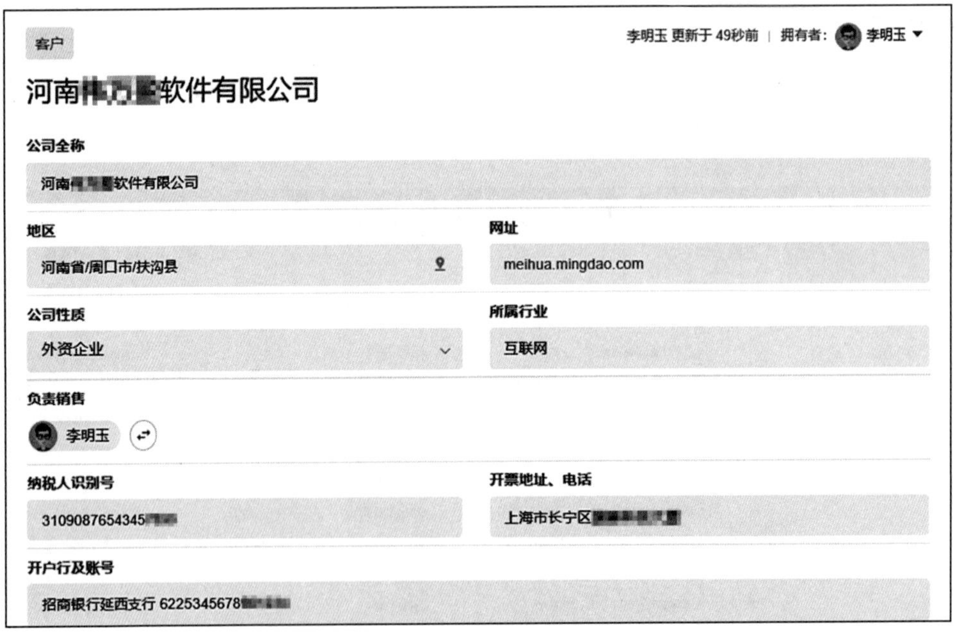

图 4-21　单行记录录入和查看时的效果

前面我们讲解了对业务数据进行抽象和建模的方法，由前面的内容可知，根据我们画好的 ER 图、实体关系模型图或 Excel 图，可以直接创建对应的工作表。如果你会创建 Excel 表，那么很容易学会创建工作表。

2. 创建工作表

工作表是由字段组成的，而字段需要通过控件自动生成，在图 4-22 所示左侧的控件列表区，为字段选择一个合适控件，直接将控件拖拽到合适的位置即可。

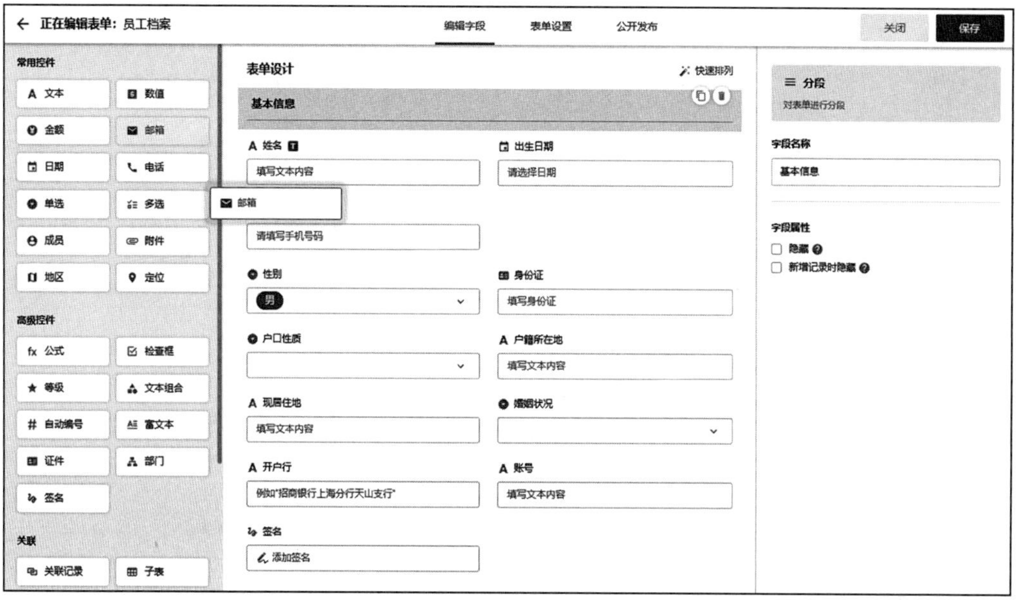

图 4-22　工作表设计界面

在表单设计区设计的字段位置和样式风格，也是录入和查看记录时的视觉风格。

在图 4-23 所示右侧区域配置每个字段的属性，例如字段名称、宽度、默认值和验证等。

所有字段设置完毕后，点击保存，至此就完成工作表的设计工作了。

（1）控件介绍

数据的格式多种多样，例如一个联系人信息可能包含姓名、性别、年龄、手机号、邮箱、单位名称等，如果想将这些信息全部当作普通文本录入也未尝不可，但这样就失去了数据的规范性，可能无法进行自动化的计算处理。为了让用户可以快捷、规范、正确地输入数据，就像在 Excel 中我们会为每列数据选择单元格格式一样，零代码平台中的工作表将具有相同格式类型的内容都抽象封装为一类控件，每类控件都有特定的校验方式和计算逻辑。例如，在邮箱控件中输入的邮箱，如果没有 @ 符号则自动判断为非法邮箱，是不允许保存的；在数值控件中只能输入数字，无法输入字母，输入的数字可以和其他数值控件中的数字进行数学运算。

图 4-23　编辑字段界面

在明道云平台，抽象封装了 30 类控件，覆盖了常见的数据类型。下面介绍几个典型控件。

- **文本**：最基础的控件，一般用来录入汉字、字母等文字内容，例如姓名、备注信息等，只要是没有格式规律的内容都可以用文本控件。
- **邮箱和手机号**：特定格式的控件，只有符合邮箱格式或手机、固话格式的内容才允许保存。
- **数值和金额**：只能输入数字，且可以和其他数字、金额字段进行数学运算。输入的金额还可以自动显示大写金额。这两类控件都可设定最小和最大值。
- **日期**：支持日期和日期加时间两种格式，用户可以快速选择需要的日期和时间。支持默认值（当天、一天后、某个指定日期）。

- **公式**：可以进行数据和日期运算，支持常用的运算公式，参与计算的字段一旦输入数据，公式字段自动显示出计算结果。
- **单选、多选**：提前配置好选择项，减少手动录入的操作，便于快速进行分类、统计和检索。
- **附件**：可以上传文档和图片，例如员工的身份证照片、合同的电子文档等。
- **文本组合**：可以将多个字段的内容拼接在一起，类似Excel中CONCATENATE函数。
- **定位**：可以获取地图中的某个位置，例如开会地址；也可以仅获取用户当前所在的位置，在考勤中经常用到。Web和App都支持获取定位信息功能。
- **富文本**：可以录入复杂格式的内容，就像在Word中编辑文字的大小、颜色等，支持图文并茂的效果。
- **自动编号**：可以为每一行记录自动生成自定义规则格式的流水号。可以仅显示数字格式的编号，如001、002等，也支持拼接字符类编号，如武汉仓库（WH）2020年10月21日的出库（CK）流水号可写为CK-WH-20201021-001。
- **关联记录**：通过此控件关联其他表中的记录，并快速查看关联对象的内容，也支持关联表间的数据互通，例如客户表和联系人表需要通过此控件建立关联关系。
- **子表**：子表是一种表中表，是对主表信息的补充，清单明细类的数据适合通过子表录入。

（2）标题字段

通常选择具有标识性的字段作为标题字段，标题字段一般需要具有唯一性（并非绝对）和可识别性，因为这个字段的内容代表了这一行记录，用户看到这个字段内容就应该能确认这一行记录是否为自己需要的。例如，在管理员工的工作表中，虽然员工的工号具有唯一性，可以作为标题字段，但是它的可识别性较差，我们一般都记不住员工的工号，所以不能将工号作为标题字段，而是将员工的姓名作为标题字段，通过搜索姓名就可以快速定位并识别出来特定员工。

需要说明的是，"标题字段"的内容并非是绝对不重复的，例如姓名，就可能是重复的。标题字段的作用是便于我们快速识别出目标记录，只要能达到这个目的就可以。设置标题字段的方法如图4-24所示。

图 4-24　设置标题字段

（3）工作表、字段和控件的关系

工作表是用来存储业务数据的集合，是一种简单的数据仓库。表中的每一行记录都是一个业务数据对象，每个对象都有很多属性，一张表由对象的多个属性组成，如订单编号、签约日期、订单金额等。在存储这些对象数据的表中，对象的属性称为字段，如订单表中有订单编号字段、签约日期字段、订单金额字段。

为了使字段数据可以规范和正确地输入，需要通过控件预先抽象封装一些格式化的字段类型，常见的控件包括日期控件、邮箱控件、金额控件等。每一个字段在设置时，需要先根据此字段的数据内容选择合适的控件。每个字段都是依托于所选择的控件生成的。

3. 表的常用操作

工作表创建完成后，就可以开始进行数据的录入、编辑、协作讨论、导出和打印等操作了。

（1）数据录入

数据录入有多种方式，常用的方式有手动录入、Excel 导入、API 自动写入。

图 4-25 所示是在 PC 端录入一条记录的效果，这和设计工作表类似。

图 4-25　创建一条新记录

在手机端创建一条新记录的效果如图 4-26 所示。

图 4-26　在 App 中创建一条新记录

图 4-27 所示为通过 Excel 导入数据的入口。

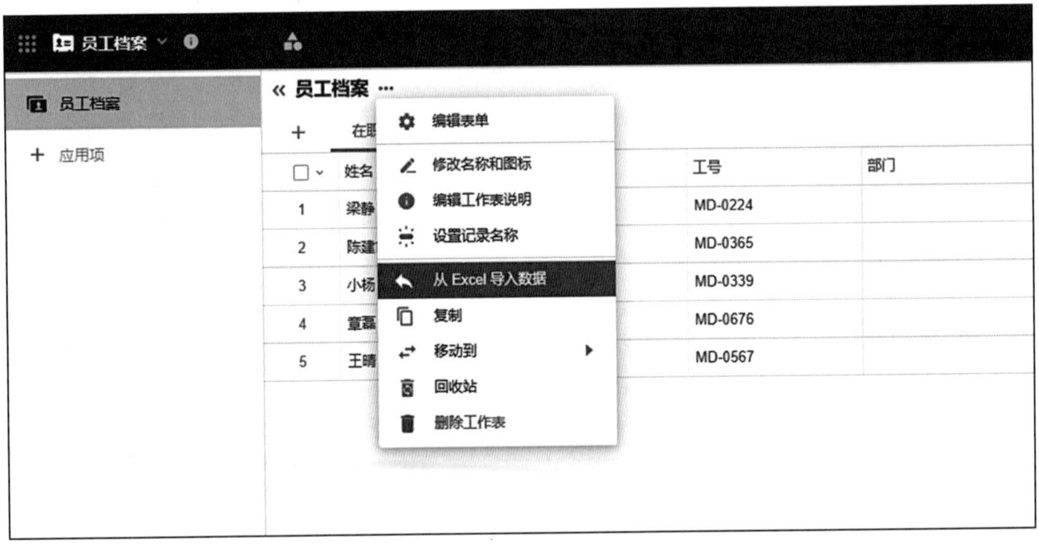

图 4-27 导入 Excel 数据

外部系统通过工作表的 API 接口直接向工作表中写入数据，这个场景一般需要一定的开发工作。我们会在第 5 章详细介绍 API 相关的知识。

在这里说一些题外话。现代 SaaS 类的企业应用产品，大部分是以 PC 端为首要应用平台，由于手机端屏幕大小和交互效果的限制，产品功能的配置几乎都需要在 PC 端完成，而一些基础的、常用的用户功能都会自动适配手机端，或提供 App 客户端，或做成 H5 页面集成在钉钉、企业微信、小程序等环境中让用户通过手机便捷地进行操作。例如明道云提供了 App 和 H5 版本，表数据的增删改查都能在 App 中完成。但是有些只有在电脑才会使用的功能，例如将 Excel 文件的数据导入工作表，App 版本中是不会提供的。

（2）数据编辑

通过零代码平台修改数据的操作和在 Excel 中进行相关操作，在风格上是类似的。点击要修改的字段位置即可激活输入区，所有内容编辑完成后，统一保存即可，如图 4-28 所示。

（3）协作讨论

每一个数据对象都可能需要进行多人协作沟通，明道云提供了讨论记录功能，可在云端保存沟通记录，以方便后来的同事快速了解上下文。图 4-29 所示为针对一个员工的档案信息两个人进行沟通的情形。

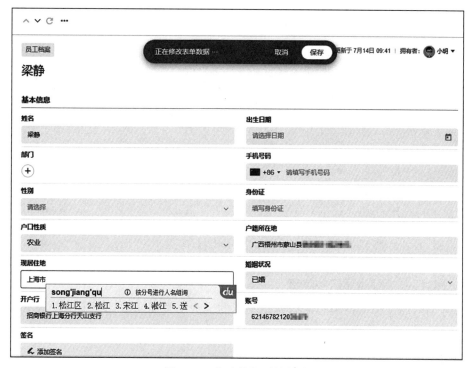

图 4-28　修改数据时的样式

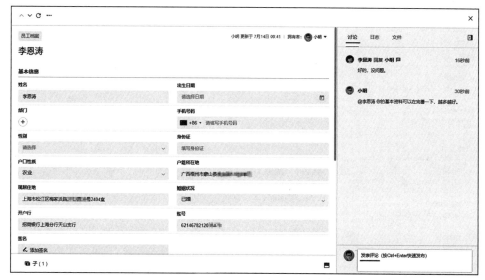

图 4-29　针对一行记录的沟通协作

（4）导出和打印

打印和导出实质都是数据的对外输出，以便在其他场景下查看或存档，操作如图 4-30 所示。目前大部分零代码平台都支持以 Word 模板的形式进行打印或数据导出，因为这更加符合用户的使用场景。

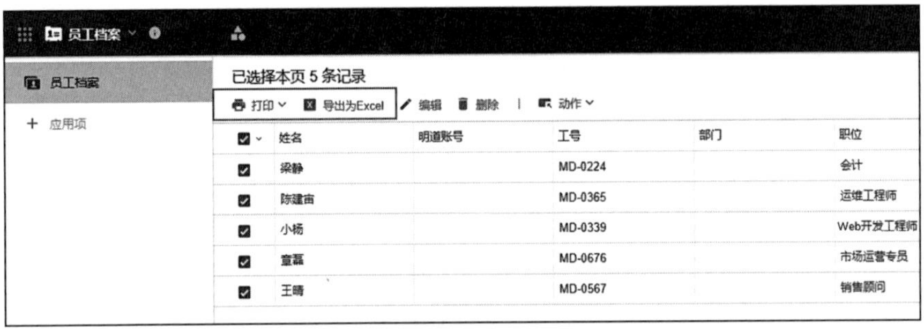

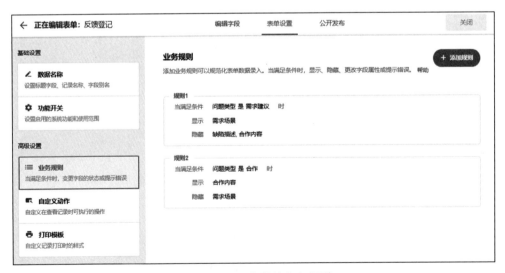

图 4-30　导出和打印

4. 让字段在需要时显示或隐藏

有时不同的业务需要填写的内容是不同的，为了页面简洁且便于查看，不需要的字段最好先隐藏，在满足某个条件时再显示出来。这个场景功能可以通过配置字段的业务规则解决。

图 4-31 所示即为配置字段业务规则的示例。在用户反馈登记中，当反馈类型是

图 4-31　配置字段的业务规则

"需求"时，显示需求场景描述让对方填写，当反馈类型是"合作"时，显示合作内容字段让对方填写。

5. 公开填写和查询表数据

有时候我们需要获取外部人员直接填写的数据，有时候则需要将内部数据公开给外部人员查询。例如进行问卷调查、客户满意度调查时就需要将工作表对外公开，让更多人可填写，公开后会产生填写链接和二维码，此时我们可以将公开链接或二维码发布在微博、微信、朋友圈文章或网页中，外部用户扫码或打开链接就能在工作表中直接录入信息，同时也能追踪数据来源。填写人填写后还需要能够查询自己填写的内容是否正确。图4-32所示是公开填写和公开查询的配置界面。

图4-32　公开填写和公开查询

工作表公开后，将工作表链接发布到官网、广告平台或其他渠道后，必然需要记录新数据的来源，以便于统计相关信息，通过设置扩展参数即可实现此类需求。

图4-33所示的二维码是一个"意见反馈"表的公开填写二维码，用户扫码后就可以提交内容了，大家不妨扫码感受一下。

通过公开链接查询表数据时，必然需要一个查询条件，不然有数据泄露的风险。图 4-34 所示的二维码是一个"意见反馈"表的公开查询二维码，用户扫码后根据前面填写的邮箱就可以查询出自己之前填写的信息了。

图 4-33　扫码提交反馈意见　　　　　图 4-34　扫码查询反馈意见

6. 建立两表之间的关联

一个完整的企业应用，应该管理着多种业务数据，所以需要创建多张工作表，而每个工作表之间必然存在着业务关系，例如供应商表、客户表、员工表、合同表、采购表等彼此之间的关系。而一张工作表中，可能会用到其他业务实体的内容，例如合同表中会有客户公司的信息，联系人表中也有所属公司的信息，如果每个表都创建重复的字段信息，就会造成数据重复录入，表之间也失去了紧密关联。因此，创建合理的、不重复的工作表是必要的。

我们可以通过使用"关联记录"和"他表字段"来建立表之间的关联，以此减少数据的重复录入，这样也能通过关联关系快速查看相关记录数据。

如图 4-35 所示，在一个合同中，若是需要有签约人的信息，只需一键关联"联系人"表中的记录，即可在本表内显示签约人的内容。这样可以减少数据的重复录入量，也方便查看相关的业务数据。

学会了两表之间的关联，就可以搭建出多业务数据的管理系统了。

7. 工作表之间的 3 种关联关系

表之间的关联关系，实际上是两个业务实体之间或业务实体和业务活动之间的关系，如何确定两表之间的关联关系？本小节就来介绍工作表之间的 3 种关联关系。

工作表能够将有关系的其他表的数据记录连接在一起，将其他表的记录直接显示在本表的记录中。

图 4-35 关联的"联系人"记录

一个应用可以看作一个关系型数据库，应用下包含若干个工作表，不同的表记录之间可能有以下 3 种关系：1 对 1 的关系、1 对多的关系和多对多的关系。

（1）1 对 1 的关系

1 对 1 的关系是最简单的关系，例如一个商品只能有一个商品编号，一个员工只能有一个工号；反过来，通过工号或商品编号只能找到唯一的一个员工或商品。

员工姓名和工号、商品名称和编号是一个业务实体（员工、商品）中的两个属性。我们通常只需把这些 1 对 1 的属性信息存放在一张对象表中即可，无须额外分开创建工作表进行管理。

还有另外一种 1 对 1 的关系：同一张表中，不同实体之间的 1 对 1 的关系。例如，乒乓球双打比赛中，每一个选手和他的搭档都是 1 对 1 的关系。

还有第三种 1 对 1 的关系，属于不同的业务实体。例如，一个学生只能有一个档案信息，一个员工只能有一个门禁卡；反过来，通过一个档案信息必然只能找到唯一的学生，通过一个门禁卡信息也必然只能找到唯一的员工。

1 对 1 的关系相对较少，以下是 1 对 1 关系的一些其他示例。

❑ 公民与身份证（每个公民只有一个有效的身份证，一个身份证也只能证明一个人的身份）。
- 国家与国旗（每个国家只有一个国旗，每个国旗只属于一个国家）。

（2）1对多的关系

1对多的关系是比较复杂且常见的关系，例如，一个客户可以有多个订单，但一个订单只能属于一个客户。客户表存储着客户的基本信息（联系人、公司地址、公司性质等），订单表存储着客户订单的基本信息（客户、下单时间、发货日期、订单金额等），通过关联表控件可建立两表之间的关联（因为共同需要客户信息）。其中"1"是客户，"多"是订单。

其他典型的1对多的关系如下。
- 项目与任务（一个任务只能在一个项目下，但一个项目可含有多个任务）。
- 领导与下属（一个员工只能有一个直接上司，但一个领导可以有多个下属）。
- 班级与学生（一个学生只能在一个班级，但一个班级可以有多个学生）。

（3）多对多的关系

常见的多对多的关系就是人员与任务的关系。一个人员可以参与多个不同任务，一个任务也会有不同的参与人员。人员表和任务表通过关联记录建立一个链接，在查看一个人员时，可以查看他参与了哪些任务，同时点击任何一个记录，都可以直接打开此任务，并能查看此任务下参与的人员。

其他多对多关系的示例如下。
- 配料与食谱（一种配料可以用于多种食谱，一个食谱会用到多种配料）。
- 医生与患者（一位医生可以为多个患者看病，一位患者可以找多个医生看病）。
- 客户与产品（一个客户可以购买多款产品，一款产品可以被不同的客户购买）。
- 选修课与学生（一门选修课可以有多个学生报名，一个学生可以报多门选修课）。

8. 设计合理的工作表结构

设计工作表，实际就是在设计业务对象的数据结构。对数据结构的设计是整个应用最底层的设计，它的合理性关系着整个应用的健壮性和稳定性，不合理的数据结构往往会导致数据查询性能低下、数据冗余严重等问题。有IT背景的读者在设计数据结构时不会有什么问题，没有学过数据结构的读者要充分理解完整的数据结构知识会比较吃力，本节我将用易懂的非IT语言为大家讲解如何创建合理的数据结构，即如何设计合理的工作表。

在专业的数据库表设计中，需要遵循一定的原则，即范式（Normal Form）。设计范式一共有 6 种，即第一范式（1NF）、第二范式（2NF）、第三范式（3NF）、巴斯—科德范式（BCNF）、第四范式（4NF）和第五范式（5NF，又称完美范式）。对于专业开发人员来说，常用的范式也只有前三种，而对于零代码平台开发者来说，只需学习前两个范式。遵从前两个范式，我们设计出的工作表就是简洁、清晰且合理的。至于其他范式，有兴趣可以自行学习。下面我们分别讲解 1NF 和 2NF 这两种范式。

第一范式

第一范式原则：字段不可以再拆分。

所谓“**字段不可以再拆分**”，即每个字段都具有原子性，不能再拆分为多个字段。如图 4-36 所示，联系人有姓名、性别、电话和住址信息，如果这张表仅用于查看，这样设计也是可行的。

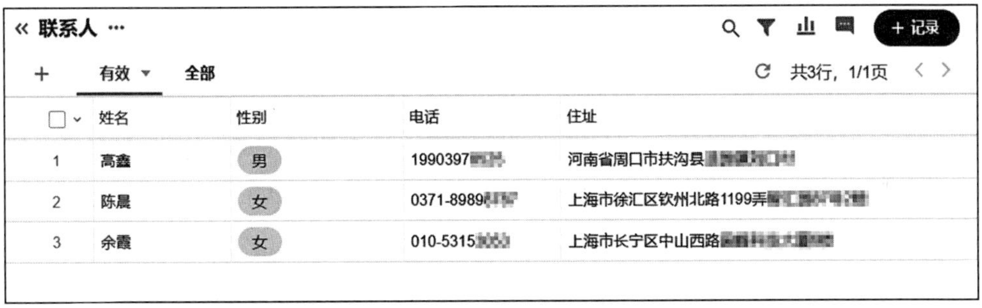

	姓名	性别	电话	住址
1	高鑫	男	1990397	河南省周口市扶沟县
2	陈晨	女	0371-8989	上海市徐汇区钦州北路1199弄
3	余霞	女	010-5315	上海市长宁区中山西路

图 4-36　联系人表

对于业务数据来说，我们常会有分类统计的需求，例如若希望对住址按省、市进行统计，那么上面的设计就无法满足要求了。因此，需要将住址拆分出两个字段，即地区 + 详细地址。修改后的工作表如图 4-37 所示，此时就满足第一范式了。

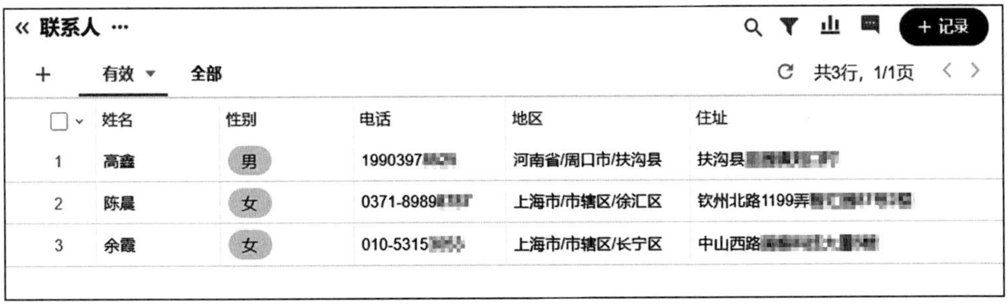

	姓名	性别	电话	地区	住址
1	高鑫	男	1990397	河南省/周口市/扶沟县	扶沟县
2	陈晨	女	0371-8989	上海市/市辖区/徐汇区	钦州北路1199弄
3	余霞	女	010-5315	上海市/市辖区/长宁区	中山西路

图 4-37　拆分后的联系人表

第二范式

第二范式原则：所有字段都必须完全依赖标题字段。

对于第二范式，我们先看图 4-38 所示。这是一个管理订单的工作表（所有字段都是可输入字段），本表的标题字段是订单编号，其中，联系人、手机号并不依赖订单编号存在，因为若没有当前订单编号，灭绝师太这个人也存在。同样，商品、商品的单位也是不依赖订单编号的。因此，这个工作表的设计是错误的。

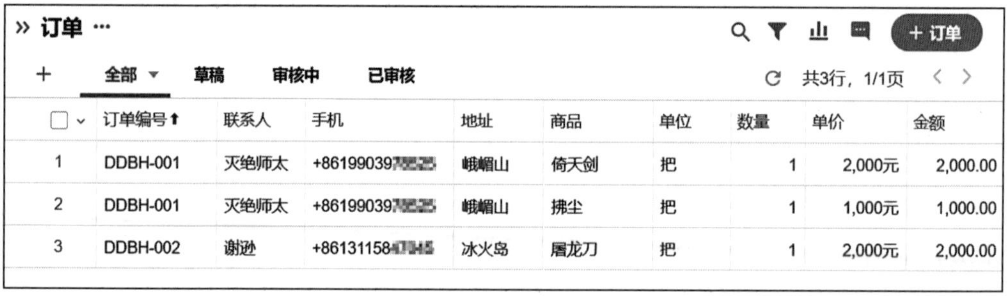

图 4-38　管理订单的工作表

有一个方法可以检测工作表是否满足第二范式：**工作表的每一行记录都是在描述一件事情，主要标题字段有重复，就需要拆分工作表**。例如图中，灭绝师太下了一个订单，要了一把倚天剑和一把拂尘，而订单表中登记了两行，那就表明这个表是错误的，正确的设计应该是只有一个灭绝师太下了一个订单，具体购买的东西，需要在同一个订单记录中体现出来。因此，我们需要拆分出联系人表、订单明细表和商品表，还要建立和订单表的关联。其实，这和前面需求分析中介绍的如何抽象业务数据类型并创建对应的工作表具有同样的效果，也会得出同样的结论，即要正确描述订单内容需要 4 张表——联系人表、订单表、订单明细表（或子表）和商品表。订单表关联联系人表（会直接显示联系人表的标题字段，即联系人姓名），若需要在订单表中体现联系人电话，则用联系人表的字段同步显示。订单表要关联订单明细表，订单明细要关联商品表。

对图 4-38 所示的工作表按第二范式的要求进行调整后，得到的新工作表如图 4-39 所示。一个订单一行记录，订单的具体商品数量和价格在子表或关联表中体现，如图 4-40 所示。

图 4-39　满足第二范式的订单表

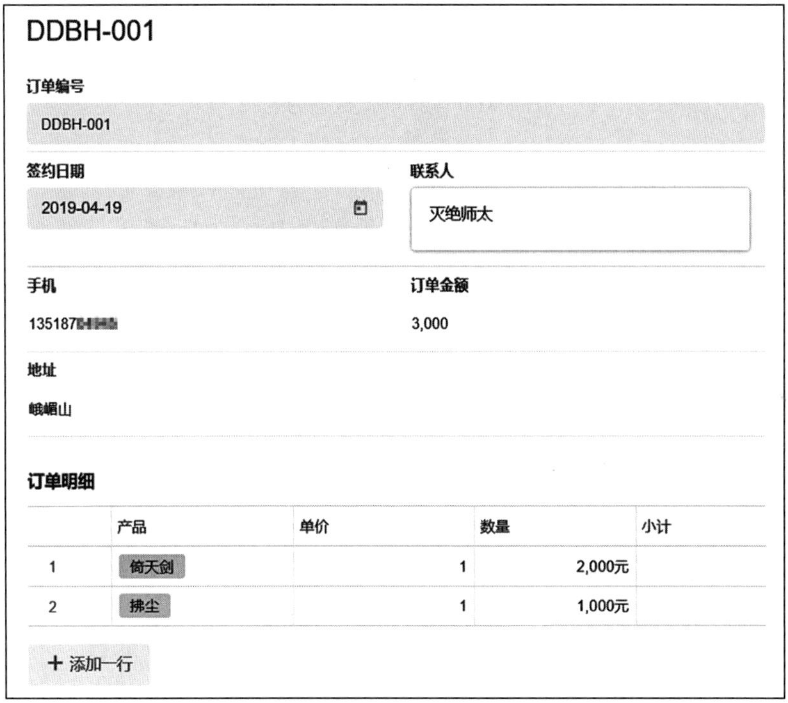

图 4-40　一个订单详情

4.2.3　数据的不同场景呈现——视图

在一些特殊的场景中,有时需要根据查看人、查看场景等不同而显示不同的数据,有时也需要根据业务特点使数据呈现出不同的效果。

在明道云中,解决数据呈现问题的模块是视图。视图是用户查看表数据的窗口,它的功能是根据不同用户角色或场景,通过配置筛选条件、字段隐藏、默认排序展现出用户期望的工作表数据。一张表可以根据不同的场景或用户创建多个视图。

如图 4-41 所示，在明道云中可以根据订单数据快速查看审核中、已审核或全部的订单数据。

图 4-41 多种审核状态的视图

1. 常见的视图分解方法

视图的目的是方便用户快速查看目标数据。其工作原理是，先通过数据的筛选和排序获取到目标数据，再选择数据的呈现效果。常见的视图分解方式有以下几种。

- **按照某种数据状态分解**。根据某一个选项字段，区分不同状态的数据。例如根据订单的审核状态字段，创建"已审核"和"审核中"等视图。根据线索状态，创建"新线索""合格线索""已成交""已丢失"等视图。

- **按字段的公开范畴分解**。根据字段性质和权限进行分解，通过不同的字段显隐组合配置不同的视图。例如在员工信息表中，分解为"通讯录""员工档案"等视图。"通讯录"视图下，可见所有员工的数据，只需隐藏敏感字段，保留联系方式等基本信息。

- **按照数据的拥有者分解**。相比用 Excel 管理数据，企业应用可以识别当前查看人，根据行记录的操作者可以配置不同拥有关系的视图。例如"我的××"和"全部××"；结合"包含下属的"选项，还可以建立"团队××"。CRM 等应用经常给销售人员和销售负责人分发不同的视图。如销售线索视图可以分解为"我的线索""我团队的线索"等。

2. 视图的几种常见类型

获取到目标数据后，就需要选择数据的呈现方式了，即视图的类型。不同的行业由于关注的数据不同，需要的效果也不尽相同。

（1）表格视图

表格视图是最基础、最常见的视图，就像 Excel 表格一样，如图 4-42 所示。

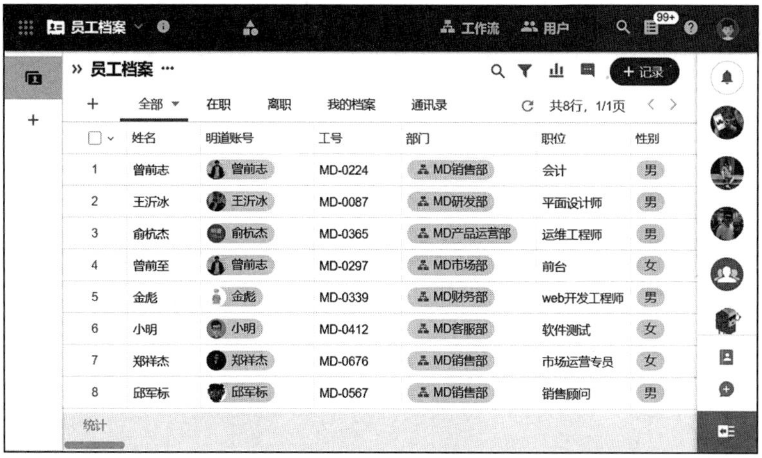

图 4-42　表格视图

（2）看板视图

对于具有不同状态、阶段的业务数据，看板视图是最好的选择了。通过看板视图，数据以卡片的形式显示在每个分类看板下，这样便于用户跟踪进度状态。看板视图最经典的应用就是任务管理了，如图 4-43 所示。

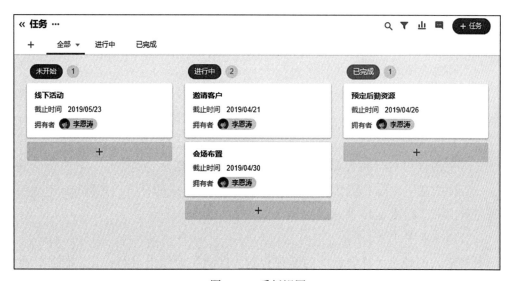

图 4-43　看板视图

（3）层级视图

同一类型的业务实体之间，可能有层次结构关系。例如，员工之间有上级和下属的关系，任务之间有母任务和子任务的关系。不同类型的业务实体之间也可能会有归属关系。例如，项目管理中，一个项目可能包含多个任务，OKR 管理中一个 O 可能包含多个 KR 等。

上下级关系或者包含关系就是层级关系，其可以通过目录树的方式展示出来。图 4-44 所示就是典型的 OKR 中的层级视图。

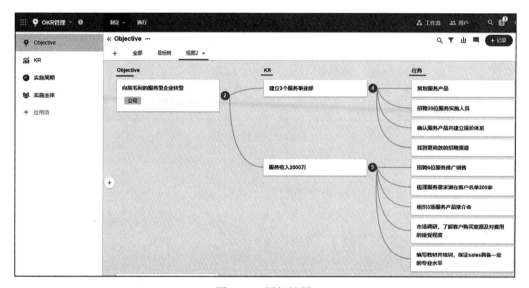

图 4-44　层级视图

（4）画廊视图

画廊视图突出的内容是图片，其可将每一条数据展示为一个大卡片，还可选择一个附件作为封面。除了封面，可以设置显示其他重点字段，如图 4-45 所示。

（5）日历视图

日历视图常用在时间管理、任务管理等和日期强相关的场景中。和日程管理类似，日历视图基于数据中某个日期字段的日期呈现出对应的日历，并将与此有关系的数据显示出来，如图 4-46 所示。

（6）地理视图

根据输入的地址（符合标准的地理位置）自动在地图上进行标记。例如，外勤业务员或地推团队将客户或者业务标记在地图上，可用不同颜色区分不同类型的客户。在零代码平台中,还可添加一些自定义备注,如客户联系电话、回访时间等,如图 4-47 所示。

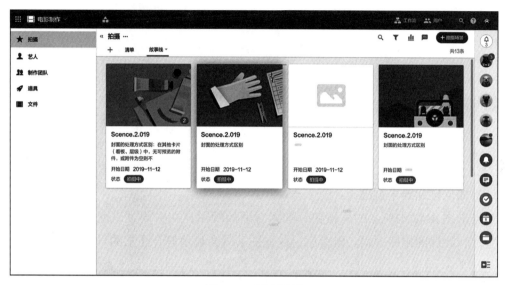

图 4-45　画廊视图

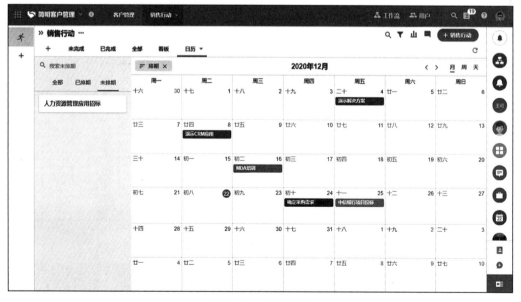

图 4-46　日历视图

图 4-47　地理视图

3. 如何创建一个视图

点击图 4-48 中所示的 + 按钮，选择合适的视图，在右侧可以配置筛选条件、显示字段和数据的排序方式。保存后，此视图下就会显示符合需求的目标数据了。

图 4-48　创建视图的入口

明道云提供了表格、看板、层级、画廊和日历 5 种视图，地理视图还在开发中。

4. 如何创建表格视图

表格视图是最基础的视图，工作表创建完成后，会默认有一个表格视图。

表格视图主要包括过滤和排序两项功能。过滤包括字段的过滤（列）和行数据的过滤（行），配置好以后，目标数据会自动适配并显示出来了。图 4-49 所示是表格视图的配置界面。

图 4-49　表格视图配置界面

无论哪种视图，都可以进行数据筛选、默认排序、字段隐藏。

❑ **数据筛选**：通过一组筛选条件，只让满足条件的数据显示在此视图下。

❑ **默认排序**：对于视图下的数据，默认按照一个方式排序后呈现出来。

❑ **字段隐藏**：如果一些敏感字段不需要在某个视图下显示，则可以隐藏掉。隐藏后在视图下打开记录，此字段不会显示出来。

5. 如何创建看板视图

看板视图除了需进行数据的筛选和排序外，还需指定作为数据分类依据的字段，以及卡片中的封面。图 4-50 所示是明道云自用的产品管理应用界面，其中设计任务有未开始、准备开始、设计中、开发中和已上线等几个阶段。此场景最适合用看板视图，选择"状态"作为分组字段，然后在记录卡片中显示几个重点字段，例如负责人、重要性等。由于是设计任务，原型图也是一个重点关注对象，可以将其设置为封面。

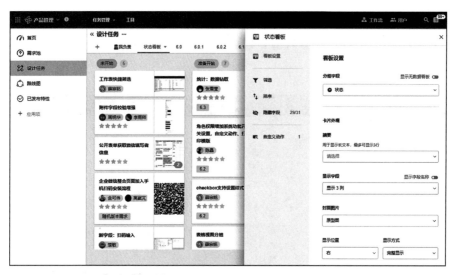

图 4-50　看板视图配置界面

6. 如何创建层级视图

层级视图是基于关联关系的视图，其中关联关系包括本表关联和多表关联。本表之间的关联，例如总经理关联了 3 个副总，每个副总又关联了若干个部门经理。多表之间的关联，例如一个项目关联了多个任务、每个任务又关联了若干个检查清单。

层级视图除了需要进行筛选和排序外，本表关联层级视图还需要选择一个关联本表字段，以使层级视图呈现出层级树的效果。而多表关联的层级视图，需要确定好每一层级的关联表字段，然后才能按设定的结构呈现出层级树的效果。图 4-51 所示为层级视图配置界面。

图 4-51　层级视图配置界面

7. 自定义动作

点击按钮执行设定的业务流程是常见的操作，除了常用的删除、打印等系统按钮外，明道云还提供了自定义按钮，通过自定义按钮可以自由配置点击按钮后启动的动作或流程，这样可以满足一些特殊的场景化、专业化方面的需求。

如图 4-52 所示，在发票申请过程中，需要填写开票信息。如果没有自定义按钮，操作人想要填写开票信息，就需要在众多表格字段中逐个查找，如果用了自定义按钮，点击一下，就可以弹出一个窗口，只显示需要填写的字段。

图 4-52　填写开票信息

还有一种场景，即点击按钮执行自动化工作流，系统自动修改字段的内容或自动执行其他操作。例如，点击已开票按钮，系统可以自动将开票状态修改为"已开票"（工作流的使用在后面章节中详细介绍）。

图 4-53 所示是在明道云平台中创建一个自定义按钮的入口。

图 4-53　创建按钮的界面入口

4.2.4 用户的角色和权限——用户权限

管理业务数据，不同的人有不同的操作权限，本小节就来介绍一些关于用户权限的内容。

1. 权限的几种控制层级

哪些数据对用户可见，哪些数据用户能修改，要完成这样的设置，有时需要控制到字段级别。一般通过以下几个层级控制用户的权限。

- **用户的状态**：只有正常状态的用户才能登录并访问组织公开可见的应用，离职的用户会自动退出相关应用。
- **菜单的控制**：在应用的导航中，有权限的人才能看到各级导航菜单，没权限的人无法获取菜单。
- **按钮的点击**：为功能按钮加上权限，设置最小权颗粒度的控制操作行为。例如，管理员可以编辑某个字段值，普通用户则无法编辑；又如管理员可以删除记录，普通人员不能删除。
- **数据的读取**：在某类视图下，只呈现和用户有关联的数据，保证数据的相关性。
- **数据的显示**：因为不同数据具有不同的敏感性，有时需要针对不同用户隐藏必要的字段。例如管理员可以看到进货价，普通销售人员只能看到卖价。

通过以上 5 个层级即可实现用户的权限控制，明道云的权限控制采用人员—角色—操作权限的结构设计，配置过程中通过勾选操作即可完成基于个人、部门、职位等的权限设计。

权限配置方式有简易和精细两种模式。

2. 简易模式

用户少或管理业务单一的应用适用简易模式，这种模式的权限控制到行记录（业务对象）这一层级，不涵盖字段（业务对象的属性）层级。

图 4-54 所示为简易模式的 4 种配置选项。

- 可查看、管理所有记录（这是最高权限，应用下所有的表数据都能管理）。
- 可查看所有记录，但只能管理自己拥有的记录（相对上一种权限，这个权限查看范围不变，但是可管理范围缩小，只能管理自己拥有的记录）。
- 只能查看加入的记录和管理自己拥有的记录（这一种权限相对上一种权限可管

理范围又进一步缩小,可查看的数据只能是自己加入的)。

❑ 对所有记录只有查看权限(最小权限,仅能查看数据)。

图 4-54　简易模式

3. 精细模式

管理多项业务数据且成员权限差异较大的应用适合使用精细模式。

通过精细模式可以控制如下内容。

❑ 哪个表可见。

❑ 表下的哪个视图可见。

❑ 视图下哪些记录可见。

❑ 记录中哪些字段可见 / 可编辑。

在精细模式下,只需简单勾选即可完成权限的配置,如图 4-55 所示。

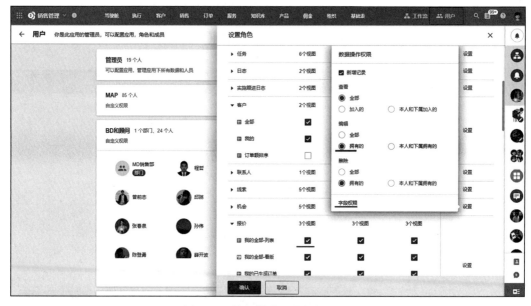

图 4-55　精细模式下的权限配置

4.2.5　数据的统计和分析——统计图表

对业务数据进行的统计分析，若是体现在各种图表中，能够更加直观地展示业务发展趋势，帮助管理者进行决策。例如，统计过去一年 BOM 清单中所有产品金额的分布情况，或者供应商的分布情况。

1. 常见的可视化图表

（1）柱图

柱图（见图 4-56）是最常用的图表之一，用垂直或水平的柱子表示不同分类数据的数值大小。常用于多维度比较。

（2）折线图

折线图（见图 4-57）适用于展示数据的连续变化趋势，如果想要了解某一维度在时间上的规律或者趋势，则折线图是最好的选择。

（3）双轴图

为了使数据走势更为直观，一般需要生成双轴图，也就是我们常说的"线柱图"，即柱图与折线图的组合，如图 4-58 所示。

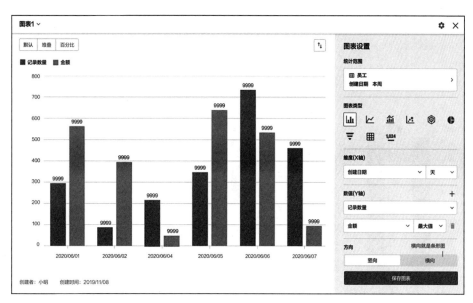

图 4-56　柱图

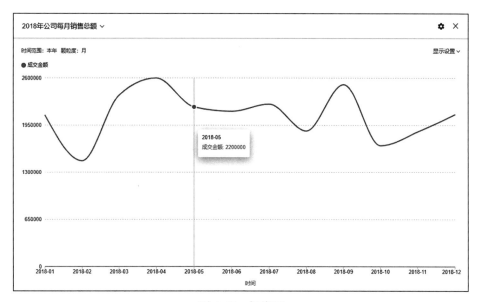

图 4-57　折线图

（4）饼图

饼图又称扇形图（见图 4-59），即通过不同角度的扇形展示各数据在整体中的占比，饼图在商务类的汇报中应用较多。为了表示占比，在使用饼图时需要有具体的数值。

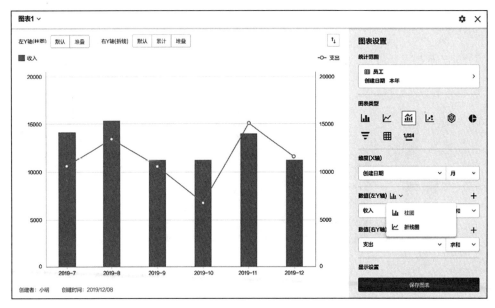

图 4-58　双轴图

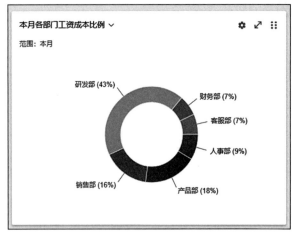

图 4-59　饼图

（5）数值图

要对符合条件的数据进行计数统计或者计算，比如进行求和、求平均值、求最大值或求最小值，就会用到数值图（见图 4-60），这是数据体现最直观的一种图，常用来对数据进行监测。

第 4 章　用零代码平台搭建应用的步骤

图 4-60　数值图

（6）雷达图

雷达图（见图 4-61）的坐标轴始于统一圆心且呈径向排列，同一个分类数据的各项数值点围成一个多边形。这种图擅长展示综合性能和突出异常数据。

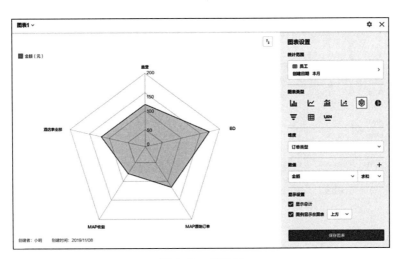

图 4-61　雷达图

（7）漏斗图

漏斗图（见图 4-62）是转化率可视化的最佳选择，它适用于固定流程的转化分析。

（8）透视表

透视表的主要作用是对分类进行汇总，对表里面的数据进行归类并得到想要的数据，如图 4-63 所示。

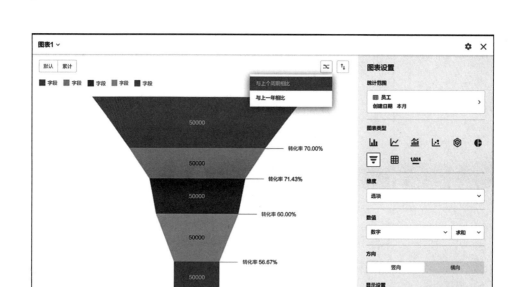

图 4-62 雷达图

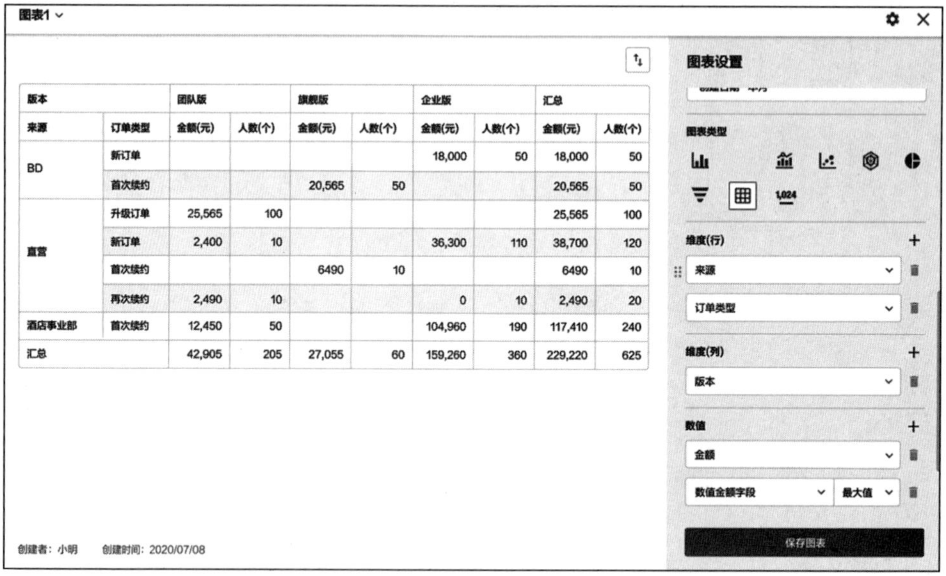

版本		团队版		旗舰版		企业版		汇总	
来源	订单类型	金额(元)	人数(个)	金额(元)	人数(个)	金额(元)	人数(个)	金额(元)	人数(个)
BD	新订单					18,000	50	18,000	50
	首次续约			20,565	50			20,565	50
直营	升级订单	25,565	100					25,565	100
	新订单	2,400	10			36,300	110	38,700	120
	首次续约			6490	10			6490	10
	再次续约	2,490	10			0	10	2,490	20
酒店事业部	首次续约	12,450	50			104,960	190	117,410	240
汇总		42,905	205	27,055	60	159,260	360	229,220	625

图 4-63 透视表

（9）散点图

散点图（见图 4-64）又称散点分布图，是以一个变量为横坐标，以另一个变量为纵坐标，利用散点（坐标点）的分布形态反映变量统计关系的一种图形，特点是能直观表现出影响因素和预测对象之间的总体关系趋势。

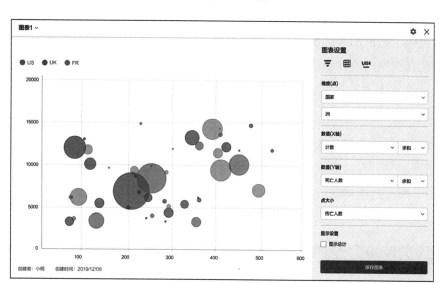

图 4-64　散点图

2. 如何创建一个统计图

每个工作表中都有统计图，无论是管理员还是普通用户，都能基于自己管理的数据进行统计。在明道云中，统计图的创建入口如图 4-65 所示。

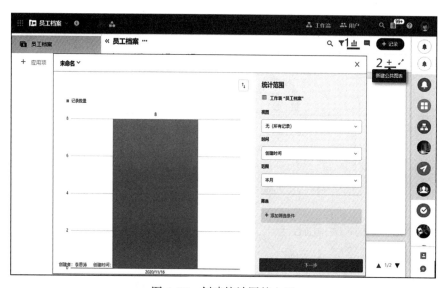

图 4-65　创建统计图的入口

设计统计图的一般步骤如下。

1)设定好要统计的数据范围。

2)选择合适的图表类型。

3)选择数据的统计维度。

4)设置统计图的公开范围。

5)完善图的图例设置。

3. 如何创建一个统计看板页面

应用管理员可在自定义页面中配置要显示的内容,该页面常用于仪表盘,以显示当前应用下所有数据的统计图,目的是方便决策者进行查看、分析和决策。

在明道云中,自定义页面的创建入口如图 4-66 所示。

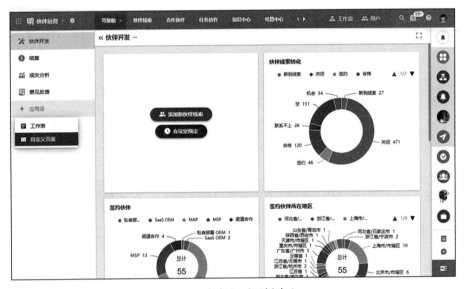

图 4-66　自定义页面创建入口

自定义页面不仅可以放置统计图,还能添加快捷按钮、富文本等,以便于用户快速预览和操作相关数据。自定义页面也常用于"首页"。

4.2.6　流程的控制和自动化——工作流

使用软件的目的是提高效率,需要减少人工操作,减少重复操作。业务逻辑不仅包括数据间的运算逻辑,还有业务流程的自动化流转逻辑。例如自动汇总采购清单的金额、入库商品后自动更新库存、报销金额大于 5000 元时增加 CEO 审批等。在明道云这样的零代码平台中设计业务逻辑时只需简单拖拽就能实现 IFTTT 逻辑[一]，实现企业内部的流程控制和自动化。实现这一功能的模块是"工作流"。

1. 工作流的组成

任何业务流程都是从开始到结束的过程，在这个过程中需要进行一系列操作。同样的原理，一个工作流是由 1 个触发器和若干种功能节点组成的。

- **触发器**：即决定工作流是否执行的开关（或者叫监听器）。例如，表数据有更新时触发器被触发，工作流监测到后立即启动流程，然后执行后面配置的动作。
- **功能节点**：流程触发后，通过这类节点可自动执行相关操作。例如，修改表中的数据后触发流程，然后提交给上司审批、发送通知或者自动修改某个字段的值等。

一个简单的工作流配置如图 4-67 所示。

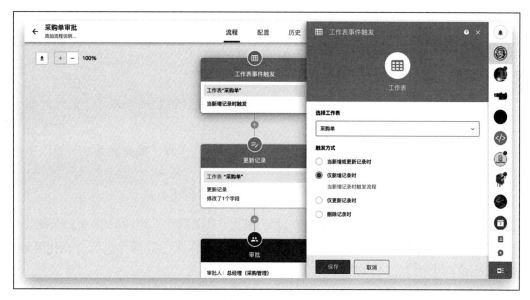

图 4-67　工作流示例

图 4-67 中所示的触发器在有新的采购单提交后触发工作流并执行后边的两个节点：先将状态自动修改为"审批中"，再提交给总经理进行审批。

〇　IFTTT（If This Then That）表示"如果这样，就那样"。

实际的业务流程比这个要复杂得多，但都是步骤和逻辑与此类似，我们只需按照提供的功能节点一步步完成设计即可。

2. 触发器的几种类型

工作流的触发方式主要有以下 5 种。

（1）工作表事件触发

什么是工作表事件？就是工作表中的记录发生变动，总结起来共有 3 种工作表事件。

❏ **新增事件**：新增一行记录。

❏ **更新事件**：更新了一行记录。

❏ **删除事件**：删除了一行记录。

注意，若是已有的一行记录中的某个字段的值原本为空，在该字段录入一个新值，那么这个事件属于更新事件，不是新增事件。同样，清除某个字段的值也属于更新事件，而非删除事件。新增事件或删除事件指的是针对某条记录进行新增或者删除操作，而非针对字段值进行录入或清除操作。

工作表事件触发，就是工作表因发生了新增、更新、删除等事件而触发设定的工作流，例如：

❏ 新增一个申请单后，触发审批流程。

❏ 入库单的状态被标记为已入库（更新事件），就会触发核算并更新最新的库存的流程。

❏ 当一个订单被删除后，就会触发流程通知发起人流程，或通知外部系统同步删除数据。

（2）定时触发

定时触发就像闹钟一样，流程会在设定的时间自动启动。定时触发和工作表没有任何关系，但是相关流程触发以后，可以查询某个工作表的数据并进行自动化处理，或者向指定的工作表新增一行数据。

常见的业务场景如下。

❏ 每周一 18 点触发流程，向指定人员发送提交工作日报的通知。这个流程和工作表没有任何关系。

❏ 每月 1 号触发流程，向任务表中自动新增一个核算当月提成的任务。这个流程触发后，需要操作工作表。

（3）按日期字段触发

基于工作表中某个日期字段选择日期，并将这些日期组成一个时间列表，每到一个时间点就触发一次工作流。此类触发方式，只和选择的日期有关系，其他字段的内容不会影响流程的触发。

常见的业务场景如下。

- 员工档案中记录着员工的生日，选择出生日期作为触发字段，每年到这个日期就触发流程，向该员工发送祝福短信/通知。
- 任务有截止日期，工作流选择截止日期作为触发字段，当到达这个日期，如果任务还未完成，就将任务状态改为逾期。

（4）Webhook 触发

Webhook 是用来接收外部数据的一个"钩子"程序。每个 Webhook 触发的工作流都会提供一个服务地址，一旦监测到有外部数据向此地址传输数据，就能启动相关工作流，然后通过功能节点将外部系统的数据写入工作表，从而实现数据的同步。

（5）按钮触发

按钮触发的工作流是一个特殊流程，它不能直接被创建，只能在视图下创建自定义按钮时自动创建，并和按钮绑定。点击按钮后直接触发该流程。

3. 功能节点类型

工作流触发后，需要配置功能节点才能实现期望的操作。功能节点可以分为以下几类。

- **数据处理类节点**：包括新增记录节点、更新记录节点、删除记录节点。
  - **新增记录节点**：通过新增记录节点可以向某个工作表中自动新增记录，新增记录的字段值可以是固定的，也可以是动态的。根据选择的数据来源，可以新增一行记录，也可以一次性新增多条记录。
  - **更新记录节点**：通过更新记录节点可以自动修改某条记录的某个或多个字段的值。例如，当一个订单合同被审核通过后，就将合同记录中"是否有效"自动修改为"有效"，如果被否决，则将记录中"是否有效"自动修改为"无效"。
  - **删除记录节点**：通过删除记录节点可以自动删除指定的记录。例如，提交购买申请触发工作流，提交上司审批，如果被否决，直接将记录删除，无须保留。

- **数据获取类节点**：包括获取单条数据节点和获取多条数据节点。
  - **获取单条数据节点**：在工作流中，如果你想要操作一条记录或者使用一条记录的字段内容，那么流程节点中必须有一个节点指向（代表）这条记录。如果没有这个节点，则可以定位到需要的记录，然后就可以更新、删除这条记录了，当然还可以供流程中后面的节点使用这条记录的字段内容。
  - **获取多条数据节点**：通过此节点可以获取多条记录，对这些记录可以进行批量修改、删除，或者将这些记录批量新增到其他表中。
- **人工交互类节点**：包括审批节点、填写节点、获取链接节点、界面推送节点。
  - **审批节点**：工作流程中若是涉及审批的流程，就需要使用审批节点。审批人可以进行通过、拒绝、拒绝后回退、转审等操作，系统会根据审批结果来决定流程是继续走下去、中止还是回退。不同的审批结果可以走不同的分支流程。
  - **填写节点**：在工作流执行过程中，需要某个成员提供一些字段信息，这些信息可以通过填写节点获取。例如，当订单的发货状态标记为已发货时，通知发货人员填写物流信息。
  - **获取链接节点**：通过此节点可获取到某条记录的链接，将此链接通过短信、邮件发给其他用户，他们打开这个链接，可以直接查看指定字段的内容，也可以修改指定字段的内容，且不需要登录就能操作。例如，"客服工单"中管理着客户反馈的问题，当客户的问题处理完毕后，可以将此工单的记录链接以短信的方式发送给客户，客户打开链接即可查看服务内容，也可对"评价字段"进行填写，实现工单的评分功能。
  - **界面推送节点**：用户通过点击一个自定义按钮触发流程，通过此节点可以自动打开一个新的界面，界面可以是网页，也可以是弹层，例如自动打开一条记录的详情页、弹出自定义的消息提醒或打开一个外部网站。
- **逻辑运算类节点**：包括运算节点、分支节点、延时节点。
  - **运算节点**：在工作流执行过程中，可以对不同记录中某些字段做运算并输出运算结果。运算方式包括数值金额类运算和日期类运算。此节点可输出运算结果，并不会更改字段的值，结合更新记录节点才可完成记录数据的更新。
  - **分支节点**：分支节点可以根据不同的数据值走不同的流程。例如，要新增一条线索记录，如果客户是上海的，就让上海的负责人任明明填写负责对接人的信息；如果客户是北京的，就让北京的负责人李小明填写负责对接人的信息。也可以根据审批结果（通过/否决）、查找结果（有数据/无数据）的不同设定不同的流程。
- 延时节点：延时节点的功能是暂停工作流的执行，即上一个节点执行后，可以延期到特定时间后再执行后面的流程。可以延期到指定日期或时间再继续执行（例如延期到 2019.10.1 的 8:00 再执行后面的节点），也可以延期一段时间（例如延期一天后再执行后面的操作）。

☐ 通知知会类节点：包括站内通知节点、发邮件/短信节点。
- 站内通知节点：通过此节点，可以向指定的人发送通知，对方可以查看记录的全部内容，也可以只查看指定可见的字段内容。
- 发送邮件/短信节点：通过发送邮件/短信节点可以向指定的邮箱地址/手机号发送内容，内容可以是记录中的内容，也可以是自定义的固定的文字内容，还可以发送附件。

☐ 外部数据对接类节点：这是一种 Webhook 节点，通过此节点可以和外部系统做数据对接，比如将你的表数据推送给其他系统，或从其他系统中获取数据。例如，当一个采购申请记录通过后，将当前记录的数据推送给向其他系统；通过录入的物流单号从物流网站获取物流信息。

☐ 复杂数据处理类节点：这是一种代码块节点。对于复杂或极具个性化的数据处理，就需要编写代码来实现了。在代码块节点内输入一段代码 (JavaScript 或 Python)，对流程中的记录数据进行计算，得到新的数据内容后将其输出，后面的节点可以使用输出的数据内容。例如根据员工的身份证号写一段代码，就能获取到他的出生日期和性别，然后可将这些信息更新到对应的字段中。

在配置实际的业务流程时，只要是有规律的流程，都能通过以上节点的组合搞定，从而实现业务流程自动化处理和流转。

4. 工作流可以解决的信息化问题

总结起来，工作流可以解决的信息化问题主要包括如下几种：
☐ 当某种数据发生变更时，创建跟进任务或修改其他数据。
☐ 为了限制流程的继续执行而加入审批的环节。

- 当某个时间到达时触发数据的变更流程。
- 当某个条件满足时，向特定的用户角色推送通知，执行下一步动作。
- 需要在某个流程中向员工或外界采集数据，并触发下一步行动。
- 为减少流程的数量，根据某个筛选条件，执行不同的分支动作。
- 通过 Webhook 接收外部数据并实现数据的同步。
- 当数据有变更时通过 Webhook 推送到第三方。

至此，一个企业应用所需的六大基础功能在零代码平台（本节以明道云为例）上快速构建的方法就介绍完了。赶快开始搭建你的业务应用吧。

4.3 使用文档

就像我们购买的电器都会配套一个产品说明书一样，我们搭建的应用也需要编制一个说明文档，来帮助用户快速、正确地使用应用。

使用文档可以从以下几个方面着手。

- 应用的整体介绍。
- 功能模块的使用方法。
- 常见问题。

1. 应用的整体介绍

此部分可以主要介绍应用的目标、特点和运行环境等。下面以一个 CRM 应用为例进行介绍。

- **系统目标**。通过对客户数据信息进行获取、识别、过滤、分析和挖掘，找出对公司经营最有效的客户数据，并利用这些有效数据为客户提供定制化的服务和产品，以提高客户满意度和忠诚度。
- **系统特点**。
  - **随时随地办公**。系统采用 B/S 架构，只要电脑可以联网，就能随时随地利用该应用办公。
  - **跨平台数据同步**。手机端和 PC 端数据实时无延迟同步，方便快捷。
- **使用环境**。
  - **电脑端**。应用运行在云端，无须安装部署，用户在电脑上通过浏览器即可访问。

- **手机端**。手机端需要通过手机应用市场或明道云官方下载 App 使用。

2. 功能模块介绍

功能模块介绍部分需要对应用的所有模块和使用步骤进行描述，以便用户可以快速学习和使用应用。有两种介绍方法，一种是先按系统模块介绍，中间有不同角色时再进行细分介绍。这样有利于用户对整体系统产生宏观认识。另一种是直接区分角色，针对不同的角色介绍对应的功能，这样有利于用户快速学会和自己相关的功能。

3. 常见问题

我们知道，即使说明文档编写得再详细，依然会有用户提出各种各样的问题。我们在解答后，需要编制常见问题列表，针对性给出解决方案。

常见问题列表应分类给出，以便用户快速索引查找，例如分为 PC 端问题、手机端问题、审批问题等。

Chapter 5 第 5 章

与其他系统的对接集成

企业在运营过程中,不同时期会上线不同的业务系统来解决不同的业务需求,这些业务系统都是独立开发设计的,业务数据、账户体系是独立的,也可能是采用不同的技术开发的。随着业务的发展改变,对这些系统进行数据整合势在必行。举个例子,你的公司在天猫、京东、亚马逊、有赞等平台都有订单,但是这些平台的数据都是孤立的,你必然会期望将不同平台的订单数据统一汇入一个地方,来实现数据的高度集成和对全局数据的对比分析。如果没有做对接集成,那么只有将各个平台的数据先导到 Excel,然后在 Excel 中进行汇总分析。

通过零代码平台可以搭建一个订单管理应用,这个应用天生自带 API 接口,每个平台都可以将自己的订单数据通过 API 接口自动写入该订单管理应用中。自动同步订单数据就是数据集成最显著的效果。通过该订单管理应用,不仅可以打破信息孤岛,促进数据、资源有效利用和共享,还能减少手动录入的成本和差错。

与其他系统集成包含多个方面,其中最主要也是最常见的集成是数据对接和账户整合。

5.1 数据对接

数据对接本质就是在不同系统间进行数据的自动传输。两个对接系统之间,一个是数据提供方，另一个是数据需求方，需求方通过主动拉取或被动接收的方式，获取来自数据提供方的数据，实现数据的对接整合。这样可以打破数据壁垒，实现数据共享。目前最常见的数据对接方式是 API 和 Webhook。

5.1.1 API

API（Application Programming Interface，应用程序接口）是应用开发者将某个做好的功能开放给外部人员使用的一个窗口。外部开发者无须访问源码或理解内部代码处理细节，只需要按 API 规定的格式传递一些参数，即可写入数据或获取数据。理论上讲，只要每个应用软件都提供了规范的 API 接口，则无须额外的规则约定，两个应用之间就能进行数据对接。

1. API 原理

下面用一个简单的示意图介绍 API 的工作原理，如图 5-1 所示。

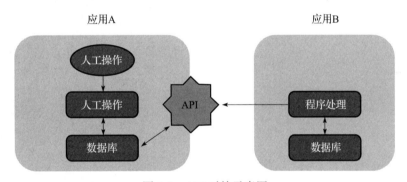

图 5-1　API 对接示意图

在图 5-1 左侧所示的应用 A 中，在用户界面中通过人工操作可以直接向数据库录入一行新数据。若同时应用 B 也需要这行新数据，但两个应用没有进行数据对接，则需要在应用 B 中人工重复录入一次。现在应用 A 开放了 API，应用 B 可以直接调用此 API，获取应用 A 中的数据，并写入到自己的数据库中，这样就是实现了两个应用间的数据同步和共享。

我们通过一个简单的例子来介绍 API 的一些基础结构。例如，你要查询一个手机号 131****7045 的归属地，提供这个查询服务的系统会给你一个地址并要求你必须提供相关参数，然后将它们组成一个请求链接，查询服务收到请求后会进行处理并返给你相关信息。例如完整地址为 http://apis.juhe.cn/mobile/get?key=4c80e35a42

20b955a2932a38e6511e9e&phone=131****7045。在这个链接中，问号？前面的内容（http://apis.juhe.cn/mobile/get）是 API 的服务地址，key 是一个鉴别你是否可以使用此功能的身份参数，phone 是你要查询的手机号，你只需修改链接中 phone= 后面的手机号，即可查询另一个手机号的归属地。

这是一个获取外部系统（手机号查询平台）数据的简单示例，下面我们介绍明道云平台中的 API。

2. API 使用示例

在明道云平台，业务数据都存放在工作表中，每张工作表都提供了外部系统可访问的 API，工作表 API 是基于标准的 OAuth 2.0 协议设计的，以此让其他系统的数据可以随时写入工作表。图 5-2 所示是一个订单管理应用中的相关接口说明。

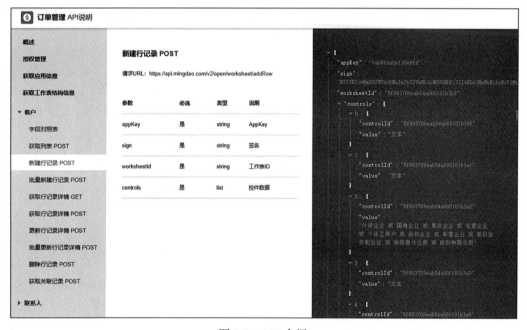

图 5-2　API 介绍

明道云平台共提供了 9 种数据接口。

- 获取列表（Post）：从工作表的某个视图中获取多行记录，支持关键词筛选和排序，也支持获取指定行数的记录列表。
- 新建行记录（Post）：在工作表中创建一行新记录。

- **批量新建行记录（Post）**：一次性在工作表中创建多行记录。
- **获取行记录详情（Get）**：从工作表中获取一行记录的详细内容，也就是每个字段的内容，包括创建人、创建时间等。其请求方式是 Get。
- **获取行记录详情（Post）**：这个接口也是从工作表中获取一行记录的详细内容，但是其请求方式是 Post。
- **更新行记录详情（Post）**：可以更新某行记录的详情，包括自定义的字段内容。创建人和创建时间是静态固定的信息，不能更改。
- **批量更新行记录详情（Post）**：一次性修改多行记录的字段内容。
- **删除行记录（Post）**：删除某行记录，删除的记录会进入记录回收站，以便恢复。
- **获取关联记录（Post）**：根据已知的某行记录，通过关联关系来获取它所关联的记录。

以上 9 种接口基本覆盖了数据对接的所有需求。

我们以一个最基础、最常用的接口——新建行记录接口——来演示两个应用间的数据同步效果。

示例：通过 API 在"订单管理"应用的"订单表"中新建一个订单。

除了明道云平台内的应用外，另一个应用我们不用具体的软件系统，而是用一个在线的 API 调试工具，这样每个读者都可以快速动手操作。

在线的 API 调试工具有很多，推荐两个简单的调试网站：https://getman.cn 和 https://www.sojson.com/http/test.html。本示例中我们采用 https://getman.cn。

图 5-3 所示是 Getman 打开后的界面。

由图 5-3 可知，Getman 主要的配置信息有 3 个。

- **接口的请求的方式**：最常用的是 Get 和 Post，还有其他几种，例如 Put、Delete、Patch、Head 和 Options。具体应用什么方式，接口中都会标明，选择对应的方式即可。
- **请求的地址**：截图中的地址仅给出了一个提示信息，我们需要将实际的接口地址粘贴过去。
- **请求中传递的参数**：包括用户的身份验证、工作表的 ID 和字段内容等。

接下来，我们从明道云的工作表中获取对应的信息。图 5-4 所示是"订单管理"的"订单"表的新建行记录接口的说明信息。接口的请求的方式即 1 处的 POST，请求的地址即 2 处的 URL 链接，请求中传递的参数即右侧 3 处深灰色的代码。

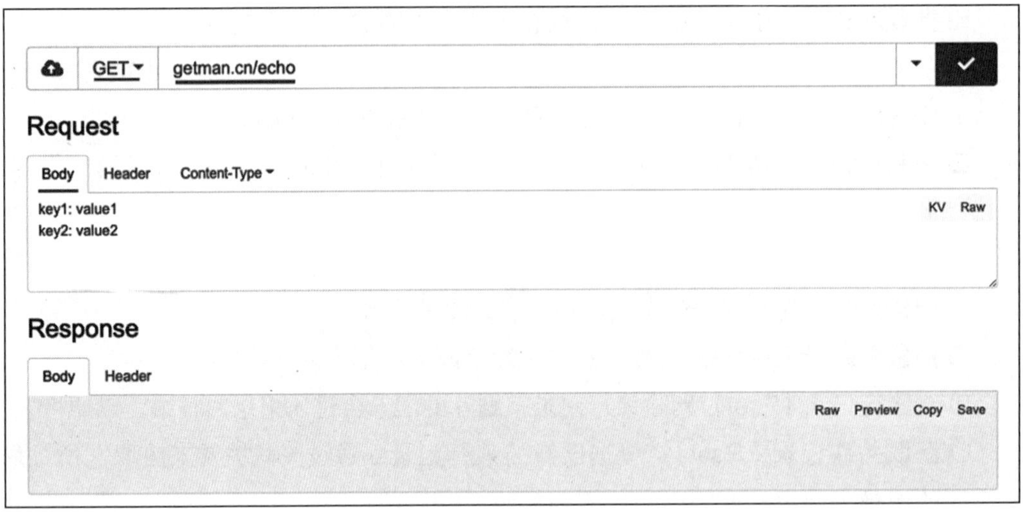

图 5-3 Getman 平台界面

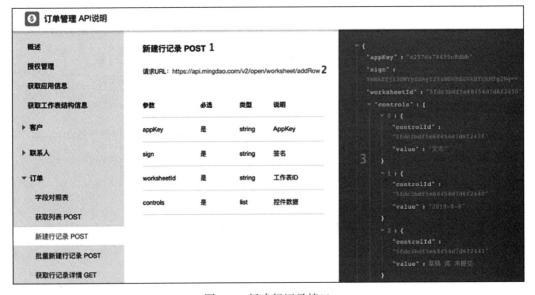

图 5-4 新建行记录接口

先将接口的请求方式和地址填充到 API 调试工具中，如图 5-5 所示。

然后我们看请求中需要传递的参数如何写。

明道云已经为每个表自动生成了对应参数，如图 5-6 所示。

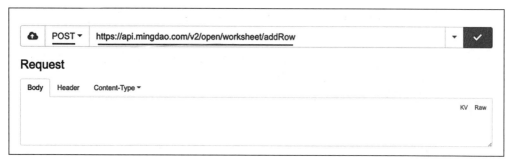

图 5-5　配置 API 地址和请求方式

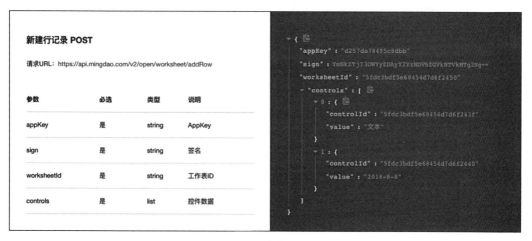

图 5-6　参数介绍

参数解释如下。

- appKey：每个应用自动分配的身份 ID，通过这个 ID 可以找到对应的应用。
- sign：签名，鉴别授权的组成部分，不可缺少。
- worksheetId：目标工作表的 ID 代码，通过这个 ID 能找到对应的唯一的工作表。
- controls：字段组，向工作表中写入数据，其实就是在每个字段中写入数据。
- controlId：字段的 ID，通过这个 ID 就能找到对应的字段。可以参考字段对照表来确定每个字段名称，如图 5-7 所示。
- value：向该字段写入的内容（图 5-6 中左侧所示不显示该参数，见右侧所示代码）。

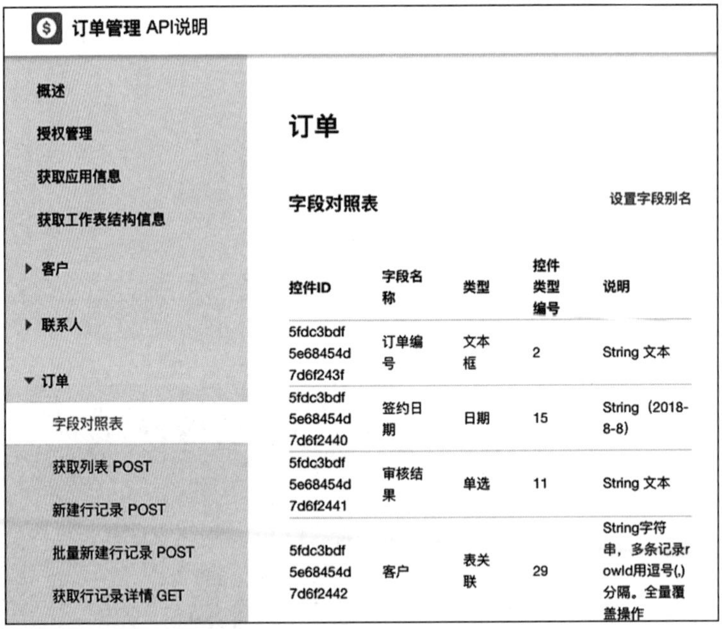

图 5-7　字段对照表

以上几个参数，只有 value 是需要修改的，其他参数都不能改变。一个工作表中有很多字段，在自动生成的参数中，会将所有的字段列出来，如下所示。

```
{
"appKey":"d257da78495c8dbb"
"sign":YmNkZTVhYzllOGMw3OWYyZDAyY2YzNDVhZGVkNTVkMTg2Ng==
"worksheetId":"5fdc3bdf5e68454d7d6f2450"
  "controls": [
    {
      "controlId": "控件 1 的 ID",
      "value": "文本"
    },
    {
      "controlId": "控件 2 的 ID",
      "value": "2018-8-8"
    },
    ..........
    {
      "controlId": "控件 N 的 ID",
      "value": "文本"
    }
  ]
}
```

在测试时，我们并不需要为每个字段都写入值，仅为一个或两个字段写入内容，其余字段参数删除即可。

如果只需要添加一个字段的内容，则只保留一个字段参数即可。

在 controls[] 字段组中，只保留一组大括号。只保留一个字段的参数格式如下所示。

```
"controls": [
    {
        "controlId": " 控件 1 的 ID",
        "value": " 文本 "
    }
]
```

如果只需要添加两个字段的内容，则只保留两个字段参数即可。两个字段参数的大括号间要用英文的逗号隔开，最后一个字段参数的大括号不能有逗号。更多字段的设置方法依此类推。

保留两个字段的参数格式如下所示。

```
"controls": [
    {
        "controlId": " 控件 1 的 ID",
        "value": " 文本 "
    },
    {
        "controlId": " 控件 2 的 ID",
        "value": " 文本 "
    }
]
```

在这个示例中，我们在订单表中只添加两个字段——订单编号和订单日期，最终完整的参数代码如下所示。

```
{
    "appKey": "d257da78495c8dbb",
    "sign":
        "YmNkZTVhYzllOGMwNTkyZWFhYjYxZTQ2NzFjZGE5NWVkYmI1MWNmZjI3OWYyZDAyY2YzN
        DVhZGVkNTVkMTg2Ng==",
    "worksheetId": "5fdc3bdf5e68454d7d6f2450",
    "controls": [
        {
            "controlId": "5fdc3bdf5e68454d7d6f243f",
            "value": "DDBH001"
        },
```

```
    {
      "controlId": "5fdc3bdf5e68454d7d6f2440",
      "value": "2020-10-10"
    }
  ]
}
```

将上述代码添加到在线调试工具中,如图 5-8 所示。

图 5-8　在 Getman 中配置请求代码

先选择 Content-Type 为 application/json,再点击右上角的蓝色按钮,如图 5-9 所示。

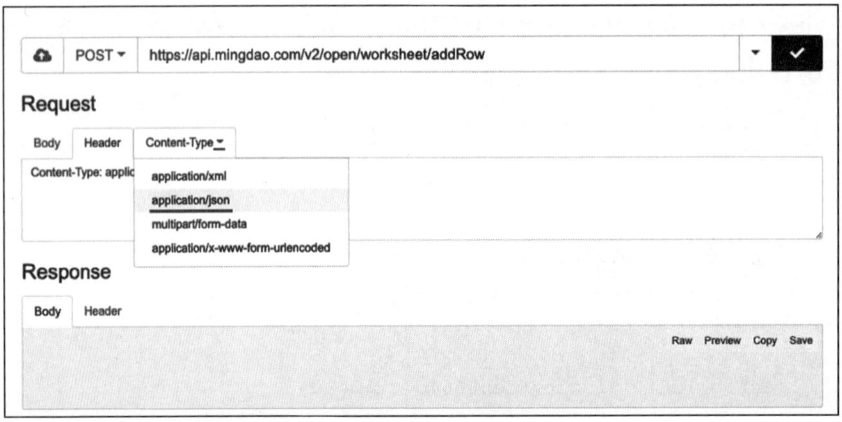

图 5-9　选择 application/json 类型

点击了蓝色按钮后，会出现调用 API 请求结果的界面，如图 5-10 所示。由图可知，我们成功创建了一行数据。

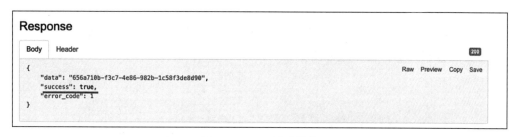

图 5-10　API 请求结果

然后我们打开订单的工作表，就能看到刚才通过 API 创建的记录，订单编号和日期是我们在调试工具时写入的，创建人显示为 API，如图 5-11 所示。

图 5-11　工作表显示结果

通过这个示例我们就能基本理解 API 的工作原理了。建议大家都操作一下，亲身体验一下 API 的功能。

5.1.2　Webhook

Webhook 俗称"钩子"，可以理解为 API 的一种，但不是典型的 API，有人也称之为反向 API，因为它可以实现从一个应用向另一个应用主动推送信息的功能。

前面讲了如何通过调用 API 获取新数据。在调用 API 时，其实我们并不知晓是否有新数据，因此为了及时获取新数据，就需要频繁进行调用，这样是非常消耗资源的。Webhook 可很好地解决这个问题。当应用中有新的数据录入时，该应用可主动通过 Webhook 推送给对接应用，这样不仅可以及时、快速地实现数据同步，还可以避免了盲目频繁地调用 API 而造成的资源浪费问题。

一个应用如果希望其他应用可以将数据主动推送过来，则自身需要提供一个 Post 地址（也就是 Webhook 地址）。其他应用将数据推送到这个地址后，通过程序处理写入本应用的数据库中，其原理如图 5-12 所示。

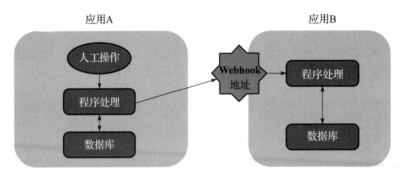

图 5-12　Webhook 工作原理图

由图 5-12 可知，在应用 A 中，人工录入了一行数据，经程序处理后得出这是一条新增数据的结果，应用 A 就会向应用 B 的 Webhook 地址中发送这条数据内容，应用 B 接收后，经自己的程序处理会将新数据写入应用 B 的数据库中。

在明道云平台，Webhook 有 3 种方式可以和外部系统进行数据对接。

1. 被动接收外部系统推送的数据

前面我们已经介绍过工作流的几种触发方式，其中的 Webhook 触发方式就是用来接收外部数据的手段。每一个 Webhook 触发的工作流都会自动生成对应的 Webhook 地址，外部应用只需将数据推送给这个地址，明道云服务器接收后经过程序处理，就可以将数据写入对接应用的工作表中。图 5-13 所示就是在 Webhook 触发的工作流中配置接收数据的方式，其中包括 Webhook 地址和参数列表。

下面介绍一个示例：问卷星系统中有新的调查问卷提交后自动同步到明道云的工作表中。

首先，应确保在问卷星系统内配置的问卷和明道云中配置的工作表保持一致，包括字段的类型。

如图 5-14 所示，左侧是明道云内设计的问卷工作表，右侧是问卷星内设计的问卷。

第 5 章　与其他系统的对接集成　105

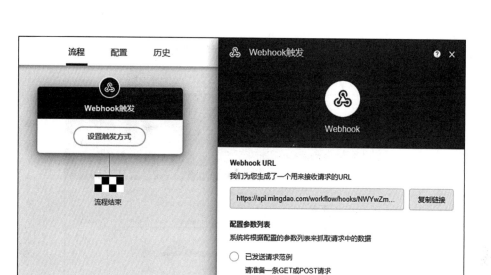

图 5-13　明道云 Webhook 触发流程

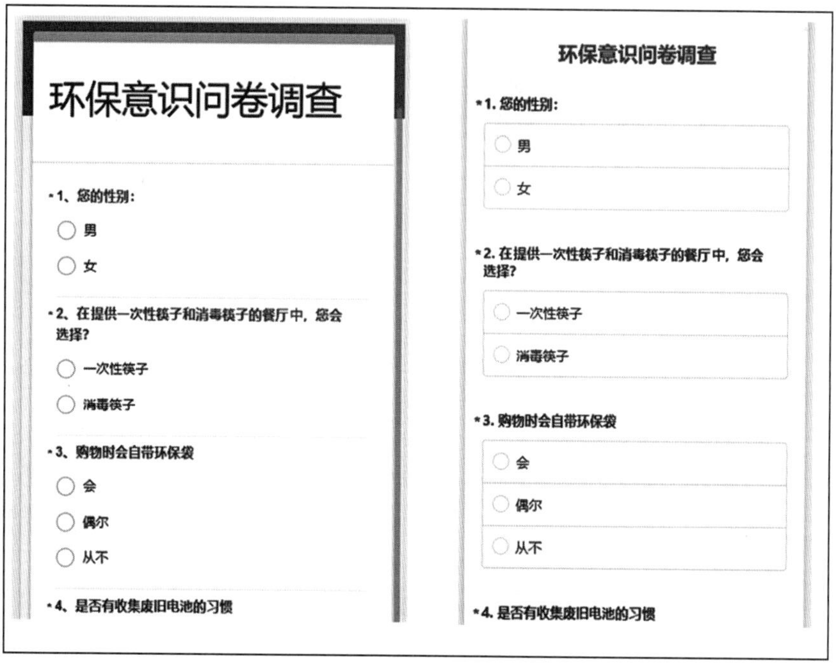

图 5-14　明道云和问卷星各自的表格样式

步骤 1　在明道云内创建 Webhook 触发的工作流。打开触发节点，获取 Webhook 地址，如图 5-15 所示。

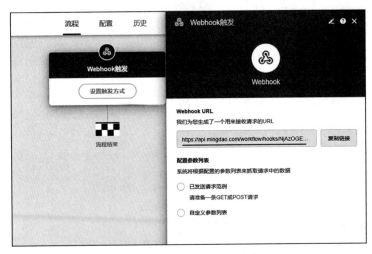

图 5-15　Webhook 触发节点

步骤 2　进入问卷星设置调查问卷，开启数据推送。将上一步中获取的地址粘贴到推送地址中并保存，如图 5-16 所示。

图 5-16　配置推送地址

步骤 3　进入步骤 1 中的工作流，选择"已发送请求范例"，如图 5-17 所示。

图 5-17　选择已发送请求范例

步骤 4　在问卷星中快速提交一个问卷。

步骤 5　返回工作流，可以看到传进来的数据，如图 5-18 所示。

图 5-18　接收到数据参数列表

步骤 6　添加新增记录节点，将获取到的数据写入工作表，如图 5-19 所示。

图 5-19　配置新增记录节点参数

步骤 7　发布工作流。

步骤 8　测试验证。

在问卷星中提交一个新问卷，然后打开明道云中的工作表，就能看到数据同步进来了。

2. 主动向外部系统推送数据

除了被动接收外部系统推送进来的数据外，明道云还支持向外部系统的 Webhook 地址推送数据，图 5-20 所示就是工作流通过 Webhook 节点向外部系统进行数据推送的配置。

这个方式和上一个方式刚好相反，明道云成了数据的推送方，但是原理是相同的，我们就不再单独举例了。

第 5 章　与其他系统的对接集成　109

图 5-20　Webhook 节点配置

3. 主动从外部系统获取推送数据

零代码平台解决的是数据管理和流程问题。具有极强行业特征和极高数据专业性的问题零代码平台是无法解决的，必须通过第三方专业平台来实现。

常见的专业数据处理服务有如下几项。

❑ 根据发票照片自动读取发票信息。

❑ 根据物流单号获取物流进度。

❑ 根据公司名称获取企业的工商信息。

❑ 手机号归属地查询。

❑ IP 地址归属地查询。

❑ 天气、汇率、黄金价格的实时数据查询。

以上这些数据查询服务，零代码平台基本都无法直接完成，都需要集成第三方专业服务来处理。

示例：自动获取手机号的归属地。

当客户联系人的手机号录入后，希望能够将手机号的归属地写入相关字段，例如省份和城市。这些信息我们手动查询后并录入也能实现，但是在日渐数字化、自动化的今天，手动操作显然是成本最高的。目前提供信息查询的服务平台有很多，例如阿里云、百度云、聚合数据等。它们都提供 API 接口，且很多平台都是免费查询的。

步骤 1 设计工作表。图 5-21 所示是"订单管理"应用中的联系人表，用于记录客户联系人的信息。在联系人表中，除了手机号字段外，还需要添加对应的省和城市字段。

图 5-21 "订单管理"中的表结构设计

步骤 2 创建工作流。当有新的手机号录入时就会触发流程，查询对应的归属地，并且后面修改手机时应该同时获取新的归属地信息。因此工作流的触发方式选择工作表事件触发，并且指定仅手机号修改时才触发，手机号为空时不需要触发流程。触发节点的配置如图 5-22 所示。

步骤 3 查看 API 接口说明。

本示例我们使用的是聚合数据平台（www.juhe.com）来查询手机号的归属地，需要注册账号并申请 API 接口才能使用，该接口可免费使用。

手机号归属地的接口说明如图 5-23 所示。

通过说明文档，我们可以获取以下信息。

☐ **接口地址**：http://apis.juhe.cn/mobile/get。

☐ **请求方式**：get。

第 5 章　与其他系统的对接集成　　111

图 5-22　工作流触发节点配置

图 5-23　接口文档说明

- **请求参数**：phone 和 key 分别为手机号和鉴权所需的"钥匙"，平台会提供一个唯一的 key。
- 由于请求方式为 get，所以请求地址和请求参数需要拼接在一起，最终得出的请求地址为 http://apis.juhe.cn/mobile/get?phone=199****8525&key=4c80e35a4220b955a2932a38e6511e9e。我们把地址复制到 Webhook 节点中。

步骤 4　配置 Webhook 节点。

按图 5-24 所示进行配置，选择发送自定义请求，请求方式为 GET。将上一步中拼接好的链接粘贴到 Webhook URL 中，点击下方的测试按钮，就会出现手机号 199****8525 的归属地为河南郑州。这样就表示 API 调取成功了。

图 5-24　Webhook 节点配置

第 5 章　与其他系统的对接集成　113

步骤 5　将固定手机号改为变量。

如图 5-25 所示，将 phone 后面的手机号修改为变量才能正确获取每个手机号的归属地。如果不修改，始终获取的是同一个手机号的归属地。

图 5-25　改手机号为变量的配置

步骤 6　将获取的归属地更新到工作表。

添加更新记录节点，将 Webhook 获取到的归属地分别写入省和城市的字段中，如图 5-26 所示。

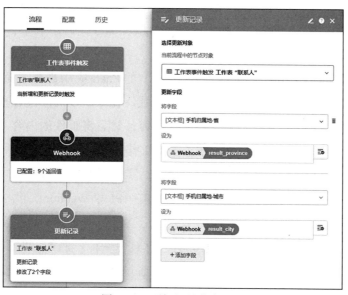

图 5-26　更新记录节点配置

步骤 7　发布流程并测试。

提交一条新的联系人记录，工作流会自动获取手机号归属地并更新到对应的字段中，在记录日志中可以看到操作记录，如图 5-27 所示。

图 5-27　记录的操作日志

5.1.3　第三方应用对接

要通过 API 或 Webhook 在两个应用之间进行数据对接集成，需要一定的开发工作，开发人员需要依据软件供应商提供的 API 接口和文档进行开发和调试。这种方法的优点是自由灵活，想怎么对接就怎么对接，当然问题就是开发成本高、速度慢。因此，目前市场上出现了一些专门针对应用整合的第三方平台，这些平台就像中转组件一样，可对任意两个产品之间的数据进行中转互通，不再需要代码开发，通过可视化的配置就能实现数据集成了。此类产品也可以称为零代码集成平台，比如 Zapier、Zoho Flow、IFTTT 和 Integromat。

目前比较流行的 Zapier 已经和超过 2000 款的 SaaS 应用进行了整合，如图 5-28 所示，它可以对其中任意两个应用进行数据集成。比如，Gmail 和明道云之间，每当你收到一封邮件，Zapier 就可以获取到邮件内容，然后将邮件的内容（主题、发件人等可以解析为特定的数据格式）写入明道云的工作表中。这样的集成平台，可以帮助企业快速完成应用集成，节省大量的开发成本，实现更大规模的数据共享。

可能有人会有疑问，既然两个应用之间有 API 和 Webhook 了，为什么不选择直接对接，而选择一个第三方程序来中转呢？这是因为同一个应用可能只有 API 或 Webhook 中的一种，而另一个应用也可能只有其中一种。例如，明道云平台中，外部系统想要处理其上工作表的数据，既可以通过 API 实现也可以通过 Webhook 实现。但是，平台内协作模块的动态功能只有 API 接口，不支持 Webhook，不能通过

Webhook 自动新增一条动态。若是外部系统只能通过 Webhook 推送数据，不能调用 API，那么就无法直接实现数据的对接了。Zapier 是一个既包含接收 Webhook 又可调用 API 接口的中转工具，它可以接收来自一个应用推送进来的数据，然后通过 API 向另一个应用写入数据。

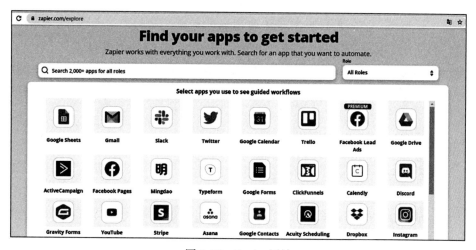

图 5-28　Zapier 网站

Zapier 的配置和明道云工作流的配置相似，都需要设置一个触发器（接收 Webhook 推送进来的数据），然后执行设定的动作（调用 API 接口），如图 5-29 所示。具体的配置与前文中讲述的 API 与 Webhook 配置相同，这里不再重复。

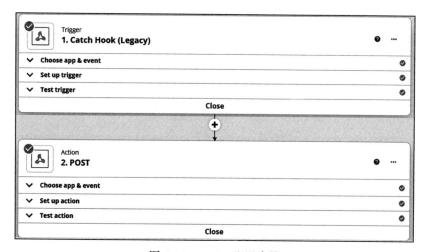

图 5-29　Zapier 配置步骤

5.2 账户整合

不同的应用都会有一套独立的账户体系，每登录一个应用，就需要输入一次用户名和密码，为了安全，还需为不同的网站设置不同的密码。这虽然确保了安全，但对用户来说是非常不友好的。基于此，账户整合成为必然选择。

进行了账户整合后，即便面对多个应用也只需要登录一次，之后就可以访问所有相互信任的应用了。这种账户整合的方式称为单点登录（Single Sign On，SSO）。

应用间的账户整合有多种方式，明道云支持以下两种方式：基于 OAuth 2.0 的身份认证和基于 LDAP 用户目录的认证。

5.2.1 基于 OAuth 2.0 的身份认证

OAuth 2.0 是用于授权的行业标准协议。只要应用支持这个协议，就可以和其他应用做账户整合。这是最常见的一种账户整合方式，例如用淘宝账号登录支付宝系统，用淘宝或 QQ 账号登录微博系统。这个场景中，淘宝和 QQ 就是被其他系统信任的授权认证中心了，只要能够登录淘宝，那么已经和淘宝集成的应用都可以通过淘宝账号直接登录。

如图 5-30 所示，明道云开放平台（open.mingdao.com）提供了完整的基于 OAuth 2.0 的用户授权 API 接口和文档。明道云目前已和近百个应用完成了账户整合，通过明道云账号即可直接登录这些应用。这种账户整合方式也需要一定的代码开发工作。

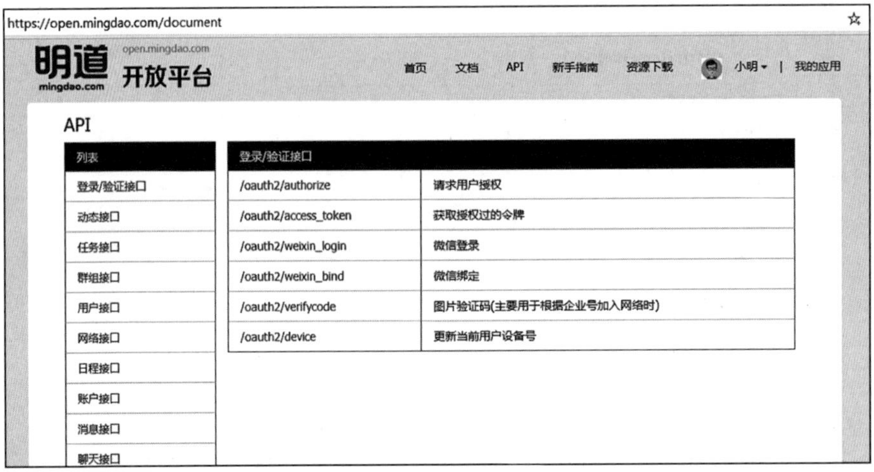

图 5-30 明道云开放平台

需要说明的是，这种账户整合方式可以理解为半整合或者单向整合，即登录了明道云，可以免密登录对接的应用，但反过来不可以。

5.2.2 基于 LDAP 用户目录的认证

如果你的企业已经部署了 LDAP，明道云可以集成 LDAP，直接使用 LDAP 的用户名和密码就可以登录明道云。目前明道云支持的 LDAP 类型有 Microsoft Active Directory、Novell eDirectory Server、OpenLDAP、Generic Directory Server、Sun Directory Server Enterprise Edition。

这种账户整合方式无须进行代码开发，通过简单配置即可实现，如图 5-31 所示。

图 5-31　LDAP 的同步配置

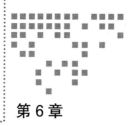

Chapter 6 第 6 章

信息架构建设及案例解析

零代码平台赋能了业务开发者,让他们可以不写代码就能完成应用实现。但是企业应用设计和开发是一个复杂的过程,对于大多数用户来说,即兴创作是很难的。对于比较复杂的应用搭建需求,依然需要一个完善的分析和计划过程。

在企业信息系统建设过程中,开发和实施前都离不开架构设计工作,对于复杂的系统,信息架构设计所花的工作时间更多。而且,信息架构的使用是一个长期的过程,它不仅服务于具体业务系统开发和实施的需求,还服务于中长期规划,以及应用的迭代与迁移需求。

本章重点介绍企业信息架构(Enterprise Architect)的一般构建方法,以及服务于用零代码平台进行应用搭建的过程。

6.1 企业信息架构的一般构建方法

从 20 世纪 70 年代末开始,企业信息架构就开始成为一个专业领域,并形成了一整套方法论。这套方法论围绕复杂组织的信息系统建设提供了抽象的思维框架和计划工具,它们虽然大多初始用于满足军工、航天和政府方面的需求,但经过整合以后,同样适用于企业。

在这些方法论中,来自 IBM 的 Zachman 框架和源自美国国防部的 TOGAF 框架是比较典型的代表。下面我们对这两个方法论做一个简单介绍。

6.1.1　Zachman 框架

Zachman 框架起源于 John Zachman 先生在 1987 年完成的信息系统架构论文《A framework for information systems architecture》，他在该论文中把与信息系统架构设计相关的各种元素归纳到一起，得到了图 6-1 所示的 Zachman 的框架。

从图 6-1 所示的这个复杂的表格中可以看出，构建信息架构是一个多层次和多要素的复杂工作。信息架构服务于组织的不同层面，所以需要组织中多个角色一起参与建设。

Zachman 是一个在宏微观层面都非常完整的框架。依照这个框架来完成分析和计划工作必然是相当全面的。但它的全面也给企业的使用带来烦冗的工作。图 6-1 中所示表格包含五种参与角色和六大考量要素，综合起来就是三十项具体要求，如果都按照这个标准来做架构设计，企业信息系统的规划成本就太高了。所以，我们往往把 Zachman 框架当作一个分工和思考的检查清单来使用，这可以帮助我们在构建信息架构时避免出现重要的遗漏。

6.1.2　TOGAF 框架

TOGAF（The Open Group Architect Framework）框架目前由 The Open Group 负责维护，已经发布到 9.x 版本（截至本书完稿时）。

TOGAF 框架定义了企业架构内容、实施步骤及交付物。其将企业架构划分为业务架构、数据架构、应用架构和技术架构，形成了涵盖企业各方面的架构体系，是一个面向各种不同组织、具有很强通用性的企业架构。对于实际的架构工作，其指导意义高于实践操作意义。

- **业务架构**：定义企业战略、企业治理、组织结构以及关键的业务流程。
- **数据架构**：描述组织逻辑与物理数据资产的结构，以及组织的数据管理资源。
- **应用架构**：描述应用系统的部署、交互以及系统与组织核心业务流程之间的关系。
- **技术架构**：描述用于支持业务、数据、应用服务的软件、硬件的能力。其中软、硬件以及逻辑技术部件包括 IT 基础设施、中间件、网络、通信部件、处理机制及相关标准等。

	数据 什么（What）	功能 如何（How）	网络 哪里（Where）	人 谁（Who）	时间 何时（When）	原因 为什么（Why）
范围 规划者（planner）	对业务具有重要意义的事物的列表 实体 = 业务事物的分类	业务所执行流程的列表 实体 = 业务流程的分类	对业务运行所在的地点 节点 = 主要的业务位置	对业务重要的组织列表 人员 = 主要组织单元	对业务重要的事件或周期 时间 = 主要的业务事件和周期	业务目标和战略列表 结果/方法 = 主要业务目标和战略
业务模型 拥有者（owner）	例如，语义模型 实体 = 业务实体 限制 = 业务关系	例如，业务流程模型 流程 = 业务流程 输入/输出 = 业务资源	例如，业务物流系统 节点 = 业务位置 连接 = 业务联动关系	例如，工作流模型 人员 = 工作单元 工作 = 工作产品	例如，主进度表 时间 = 业务事件 周期 = 业务周期	例如，业务规划 结果 = 业务目标 方式 = 业务战略
系统模型 设计师（designer）	例如，逻辑数据模型 实体 = 数据实体 限制 = 数据关系	例如，应用架构 流程 = 应用功能 输入/输出 = 用户视图	例如，分布系统架构 节点 = 信息系统功能 连接 = 连接性质	例如，人机接口架构 人员 = 角色 工作 = 交付物	例如，处理架构 时间 = 系统事件 周期 = 处理周期	例如，业务规则模型 结果 = 结构断言 方式 = 行为断言
技术模型 建造者（Builder）	例如，物理数据模型 实体 = 字段，表等 限制 = 指针，键值	例如，系统设计 流程 = 计算机功能 输入/输出 = 数据元素集	例如，技术架构 节点 = 硬件，系统软件 连接 = 连接规范	例如，展现架构 人员 = 用户 工作 = 屏幕格式	例如，控制架构 时间 = 执行 周期 = 组件行为周期	例如，规则设计 结果 = 条件 方式 = 行为
详细表述 分包者（Sub-Contractor）	例如，数据定义 实体 = 字段 限制 = 描述	例如，程序 流程 = 语言段 输入/输出 = 控制块	例如，网络架构 节点 = 网络地址 连接 = 协议	例如，安全架构 人员 = 标识 工作 = 任务	例如，时序定义 时间 = 中断 周期 = 机器周期	例如，规则规范 结果 = 子条件 方式 = 步骤
运行中的企业 产品（Product）	例如，数据	例如，功能	例如，网络	例如，组织	例如，计划安排	例如，战略

图 6-1 Zachman 框架图

TOGAF 框架的一大特色是其具有的独特的架构开发方法 AMD (Architecture Development Method),利用 AMD 进行开发是一个以需求为中心的循环过程,如图 6-2 所示。在总体框架和规划原则下,ADM 方法从架构愿景出发,经过业务架构规划后,先确定信息系统架构和技术架构;然后结合现有的信息化基础,给出企业信息化建设解决方案;迁移计划针对实施方案中不同项目的优先权,评估各个项目的依赖程度、迁移费用、收益等,并形成具体的实施规划;实施治理阶段制定各个实施项目的建议,建立架构规约,以此来管理所有实施和部署的过程,以确保实施项目架构与相关项目架构的一致性;架构变更管理关注业务目标、环境和技术等方面的演变和发展,为是否启动或规划新的架构进化周期提供支持。

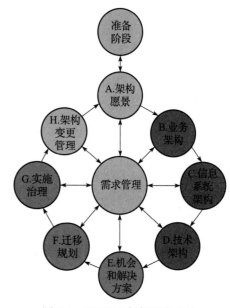

图 6-2 TOGAF 框架开发方法

TOGAF 框架目前是企业架构领域最知名的框架,它也有完善的培训、认证体系。但它和 Zachman 框架一样,都过于庞杂,缺乏实际项目落地的可用性,难以被一般企业使用。

6.2 一个简化的信息架构方法——RPIC

本节将专门介绍一种简化的信息架构方法。该方法保留了经典企业信息架构的重点部分,更多着眼于 IT 项目的落地需求,简化了参与角色和架构实现中的环节,让非专业人员也能够从事信息架构工作。

对方法论的介绍很容易陷入晦涩的程序说明中,所以最好能够结合实例来表述。为此本节专门准备了一个大多数企业用户能够有代入感的案例。但在解析本案例之前,有必要先简单介绍一下这个方法论的核心思想。

RPIC(Role,Process,Information,Content)表示角色、流程、信息和内容。

它是一个循序渐进的分析计划过程，从企业管理和运营角色的分解出发，分析每个涉及的角色（可能包括外部角色）**在业务活动中需要完成的流程和接触的信息（数据）**，当枚举出所有的流程和信息后，就能取得它们的不重复并集；通过这个并集就可分项规划数据架构、角色权限、统计报表和工作流程四项核心架构内容。上述过程的示意如图6-3所示。

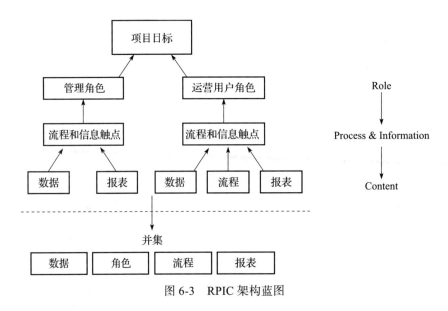

图6-3　RPIC架构蓝图

上述四种架构内容是非常具体的IT项目落地蓝图，无论是外购系统进行配置，还是自行开发，包括使用零代码平台搭建，都能够通过这个四种架构内容获得完善的计划，进而建立有秩序的执行步骤和达到预期的结果。

上述过程简洁明快，着眼于具体规划的产出。职场人员经过简单训练就能够掌握。尤其是结合零代码平台，职场人员甚至可以直接上手完成具体的应用搭建。当然，我们必须认清这是一个简化的框架，它不可避免地会忽略一些内容，比如企业战略视角、复杂企业组织的干系人网络、规划的长期视角、应用的迭代和迁移计划。这些被裁剪的内容并非不重要，只是它们出现在应用中的概率相对低一些，而且我们可以通过其他办法来针对性地进行补充。

接下来我们将通过一个案例，按照这个方法论，一步一步引导大家理解和掌握企业信息架构构建技巧。

6.3 结合案例解析 RPIC 方法论

6.3.1 案例背景

本案例中的企业叫"普渡餐饮",这是一家成长中的餐饮服务企业。它为周边企业提供员工送餐和宴会送餐服务,面对的客户对象都是企业。因为普渡餐饮重视菜品质量和口味,所以得到一些高福利企业的欢迎。一般企业会为员工常年订购早餐和午餐,有些会议也会有用餐需求,这些企业都非常乐意使用普渡餐饮的服务。普渡餐饮在这两种业务上有明显的客户交叉现象。

普渡餐饮的产品目录是由独立菜品和套餐组成的综合菜单。员工早午餐可以从数十种套餐中进行选择,会议宴会则不仅可以选择已有套餐还可以自选菜品进行组合。大多数客户会倾向于选择订购套餐。

因为尚处在发展的早期阶段,所以普渡餐饮目前只有一个生产加工中心。出于成本控制的目的,普渡餐饮除了包装材料以外,几乎不保留任何生鲜原料库存,完全根据前一天的订单在当晚完成采购,次日根据订单加工和派送。菜品加工完全在自营的生产加工中心完成。因为营业规模有限,普渡餐饮同一时期只在数家固定的生鲜配送商那里采购,每月结算费用。

普渡餐饮的物流服务是外包的,通过固定合作的物流公司将制作好的菜品和包装箱快递给本地客户。物流公司每月根据实际的物流费用与普渡餐饮结算。

6.3.2 案例目标

结合以上的案例背景,**普渡餐饮希望设计一套核心业务系统的信息架构,并通过零代码平台来实现**。为了控制篇幅,我们把核心业务系统定义为从普渡餐饮接单开始到餐品交付结束,这个过程中还要完成收款的全部过程,其中不涉及行政、人事、营销等环节。

我们要获得的产出物具体包括如下几项。

❑ 信息架构中的数据结构的定义。

❑ 工作流程的定义。

❑ 可用的应用系统。

❑ 配套的使用文档。

6.3.3 架构设计过程

1. 价值创造过程总览

为了梳理清楚一家企业的信息架构需求，我们一般会先绘制一张流程图。这张流程图可以从宏观层面将这家企业的价值创造过程表达出来。在该流程图中，节点表达的是参与主体，既可能是内部部门，也可能是外部角色。价值创造按照流程图从左往右进行，这样既容易绘制（减少交叉），又能够有条理地遍历所有的参与角色。角色是 RPIC 方法论中的出发点，我们不能遗漏任何参与业务流程的重要角色。

在本例中，客户向普渡餐饮的销售部下订单，销售部据此向内部的加工中心下加工单，加工中心再据加工单向生鲜配送商下采购单。以上是整个业务活动的信息流部分。然后生鲜配送商向加工中心配送食材原料，再由加工中心将食材原料加工成最终产品，并通过物流服务商配送给客户。如图 6-4 所示，信息流用虚线表示，实物流用实线表示。在后面的信息架构工作中，我们要重点关注的是信息流，以及和信息流相关的角色。

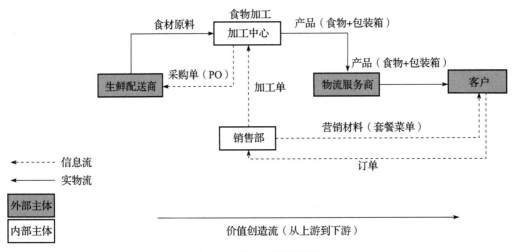

图 6-4　业务总览流程图

通过图 6-4 所示流程图，我们获得了以下参与角色。

- 销售部。
- 加工中心。
- 客户（外部）。

❑ 生鲜配送商（外部）。

❑ 物流服务商（外部）。

在角色定义中，内部用户一般要精确到特定的职能，而外部角色一般不需要细化，因为上下游协作主体一般都由固定的角色来和本企业进行交互。比如在本示例中，无论是物流服务商还是生鲜配送商，都是由客户服务部门来对接的。

接下来，我们按照这个分析结果逐项厘清所有的流程参与角色。

2. 参与角色盘点

从总览流程图中我们挖掘出了和业务活动有关的角色。**在列举具体角色的时候可以分别从管理和运营这两个角度出发**。因为必然存在的层级分工，每个企业组织中都会有不同的岗位层级，不同层级人员在业务活动中会接触不同的数据对象和完成不同的工作内容，因此，分开列举运营角色和管理角色能够帮我们把信息架构设计得更完善。

图 6-5 所示是我们根据主体对象开发出来的角色清单。为简化案例，我们只细分了和案例目标有关的两个职能部门和总经理角色。这样我们就有了 RPIC 方法论的出发点——角色（Role），后续的架构设计工作将围绕这些角色展开。如果你需要通过用户访谈来帮助进行架构设计，也可以将这些角色当作访问对象，观察他们的业务活动，搜集来自他们的工作材料。

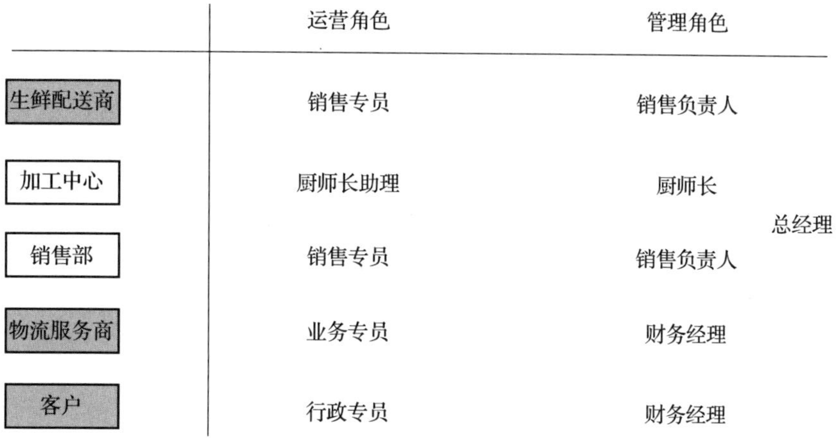

	运营角色	管理角色
生鲜配送商	销售专员	销售负责人
加工中心	厨师长助理	厨师长
		总经理
销售部	销售专员	销售负责人
物流服务商	业务专员	财务经理
客户	行政专员	财务经理

图 6-5 业务相关角色

3. 梳理不同角色的信息和流程触点

我们以其中三个角色为例，来说明如何梳理不同角色的信息和流程触点。这三个角色是销售专员、厨师长助理和总经理。

销售专员和厨师长助理都是运营角色,他们的数据和流程触点往往比较具体,涉及原始数据的搜集和录入,也包括发起具体的业务活动。通过分析,我们可以总结出销售专员最重要的业务活动就是**接受客户的订单和向加工中心发出加工单**;进一步分析,如果要处理客户订单,就不可避免地要**建立和维护客户档案及产品价目表**这两个关联数据对象,否则这个订单是无法有效建立的(不能在一个客户的多个订单中重复录入客户信息,也不应该在订单中不断重复产品信息)。这个进一步分析表示为图6-6所示的扩展箭头。这种扩展分析是我们通过角色的业务活动整理数据架构的基本方法。在这个分析图中,加粗和加下画线的字体表示的就是整理出来的业务数据对象,也就是RPIC方法中的I(Information)。

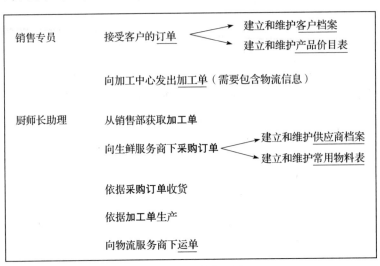

图6-6 业务数据对象

通过如上分析,我们枚举出以下业务数据对象。
- 订单。
- 客户档案。
- 产品价目表。
- 加工单。
- 供应商档案。
- 常用物料表。
- 采购订单。

❑ 运单。

下面我们再分析一个管理角色——总经理。

管理角色对企业信息和流程的运用，一般都会基于运营角色已经处理的数据，所以如图 6-7 所示，总经理希望分析订单和客户变化趋势，分析利润情况，这些分析所需基础数据都来自运营角色管理的数据。

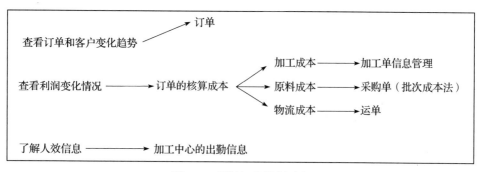

图 6-7　利润相关数据对象

管理角色可能提出一些要求，我们既有数据架构可能对此支持不足。比如，总经理希望查看加工中心的人效数据，此时就需要增加加工中心的出勤信息数据。

额外说明一下，在本示例中，之所以订单的核算成本可以根据采购单直接获取，是因为这家餐饮企业在财务会计上使用了批次成本法，也就是销货成本可以直接对应到某批次的进货成本上。

通过对每个角色的业务活动进行分析，我们整理出不同角色各自所需要接触的数据，分析结果如图 6-8 所示。

数据	角色	流程	报表
客户档案	销售负责人	接单流程	销售统计
产品价目表	销售专员	下加工单流程	成本分析
订单	厨师长	按加工单采购流程	客户分布
加工单	厨师长助理	加工流程	
供应商档案	总经理	发货流程	
采购订单			
物料表			
运单			

图 6-8　与角色对应的业务对象

至此，我们就完成了架构设计的基础工作。接下来，需要进一步细化 RPIC 方法中的 Process（流程）和 Information（信息）。

4. 用 ER 图细化数据模型

本小节继续细化数据的属性，也就是描述每个数据对象的字段。

描述数据的属性可以基于现有工作流程中的材料，比如现有的 IT 系统界面、Excel 文件、纸质表单等进行。如果设计者不直接从事相关业务活动，可以通过与相关的职能用户沟通获取相关信息。

经过综合分析，我们绘制了图 6-9 所示的 ER 图，由图可知，除了之前分析步骤中列出的 8 个数据对象外，这里又增加了 5 个数据对象，分别是产品分类、订单明细、产品价目明细、采购明细和加工明细。扩展出明细表是业务数据结构中常见的手段，它能够提高业务系统的灵活性。比如，如果一个订单表没有订单明细，那么一个订单表就只能记录一种产品的购买情况，如果一次订购多个产品，就不得不分开建立多个订单表。这显然是不合理的。订单明细中的记录和产品价目表项目关联，就建立了一个更加合理的数据结构。

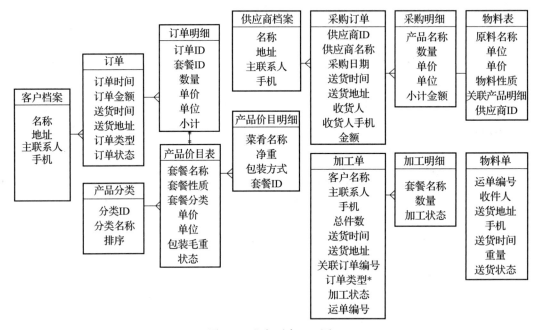

图 6-9　业务对象 ER 图

产品分类表的建立则是为了让客户订购产品的时候能够方便地按照类别进行查找，比如冷菜、热菜、早餐和套餐等。

设计数据结构并非一定要使用 ER 图。对于简单的数据关联关系，用一般表格加标注来做也是可以的。无论用何种工具做，分析出来的数据对象列表都要完整对应零代码平台搭建应用时要用的工作表对象。

企业软件行业发展数十年，已经形成了成熟的数据模型，比如管理销售漏斗的 CRM 数据架构、管理贸易活动的 ERP 数据架构、管理项目绩效的 PSA 数据架构等。这些数据架构在成熟的软件产品中都有反映。所以，企业自建数字化系统既不能闭门造车，也无须自己重新发明轮子。直接参考成熟软件的数据架构是一个明智的做法。明道云零代码平台在提供销售管理应用模板时，就直接复刻了 Salesforce 和微软 Dynamics CRM 的数据架构。

5. 用流程图绘制业务流程

前面列出了各个角色的信息和流程触点（见图 6-8），接下来我们详解每一个流程，为具体的应用设计做准备。我们以"按加工单采购流程"为例进行具体讲解。

按加工单采购是厨师长助理的业务活动。他接受来自销售部门的加工单，根据加工单内容向生鲜配送商下采购订单。图 6-10 所示是通过标准流程图对这项业务活动进行流程解析的过程。厨师长助理根据生产工单内容生成原料采购单，并根据当前辅料库存的情况决定是否增补辅料。每一项采购流程均由供应商确认再结束。

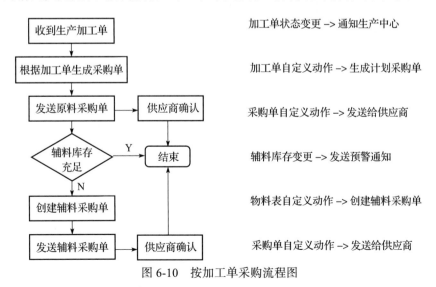

图 6-10　按加工单采购流程图

根据图 6-10 右侧所示，我们可以在对应的位置上起草一些具体的架构内容。比如，根据加工单生成采购单的节点就对应了加工单的自定义动作（属于工作流中的一类）的创建，它的实质是要根据加工单明细来获取物料明细，并将物料明细组合成计划状态下的采购单。创建辅料采购单则比较简单，它应该直接依附在物料表记录上，针对特定辅料来创建辅料采购单。

6.3.4　架构产出物与蓝图完善

通过以上步骤，我们从角色出发，遍历了每个角色的信息和流程触点，完成了多项架构内容的产出。这些产出可以直接服务于用零代码平台搭建应用。我们对上述内容小结如下。

数据结构是**工作表**来源。在本例中，我们罗列出了 13 个数据对象，其中有 4 个明细子表。在应用搭建时，依次创建这些工作表，并建立工作表之间的关联。

- 根据单据状态，可以创建工作表下的多个**视图**，例如"草案订单""待执行订单"等。
- 将系统涉及的所有内外部角色作为应用中的自定义**角色**，并依次创建和赋权。
- 将运营角色和管理角色所需要的报表内容作为**自定义页面**及其**统计组件**搭建的蓝图。
- 将每个角色的业务活动及分析出来的流程作为**工作流**配置的蓝图。其中有一部分工作流将由用户手动触发（自定义动作）。

以上这五个部分就是利用零代码平台搭建应用所需要的基本架构。在这个案例中，我们从参与角色出发，一步一步梳理，最终得到具体的工作清单。这个过程所需时间取决于项目的规模。一般而言，单个职能部门的小型应用并不需要这么完善的分析过程，但类似这家餐饮公司的核心业务系统，还是有必要进行架构分析工作的。虽然使用零代码平台开发应用不像用原生代码开发应用需要专业技术知识，但我们依然鼓励用户加强学习，以提高应用系统的质量，至少可以提高一次做对系统的概率。

6.4　应用实现

应用的实现主要涉及如下几个方面。

1. 工作表和视图

应用搭建的基本技能我们已经在前面详细介绍过了，本节主要为读者呈现一个根据蓝图搭建应用的全貌。

通过零代码平台搭建应用的过程中，会将不同业务环节分组（顶部菜单），然后在每个业务分组下建立对应的工作表。图 6-11 所示的产品管理分组下就建立了系列（分类）、产品、产品明细和产品配方这四个对象。

图 6-11　产品相关的工作表

生产工单是之前构建数据架构时会涉及的数据对象，在实现应用时，生产工单包含了生产明细表。图 6-12 所示是一张生产工单的样例。

2. 用户角色

架构分析的第一步就是构建角色列表，然后将列表中的角色通过应用平台配置进行定义，并根据数据接触情况分别给他们赋权。图 6-13 所示是配置的相关角色。

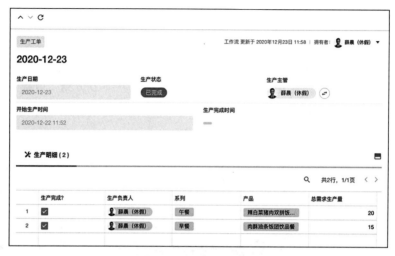

图 6-12　生产工单样例

图 6-13　角色模块相关配置

3. 工作流

在明道云应用平台中，工作流是由触发器和一系列动作节点构成的。只要触发器满足条件，就会自动执行所有的动作节点。在本案例中，有诸多环节需要由特定角色触发工作流程，例如生成加工单。生成加工单工作流可以通过一个按钮触发，然后通过数据操作相关的节点，将订单中的数据转移到加工单上。图 6-14 所示就是整个系统配置的工作流。

图 6-14　应用所需的相关工作流

4. 自定义页面和统计

围绕管理角色所需要的统计数据，零代码平台可以通过自定义页面插入统计组件，再将页面分发给不同的角色。如图 6-15 所示，其中就创建了多个"驾驶舱"页面，不同职能角色看到的页面组合是不一样的。

图 6-15　驾驶舱统计图

6.5 探索更多的数字化运营机会

本节我们借助架构工作的价值,进一步探索数字化运营的机会。反过来说,如果我们抛去架构设计过程,直接根据需求搭建应用,就失去了看清全局的机会。创新不是空中楼阁,只有看到,才有更大的机会想到。架构蓝图的价值就是提供给企业主一个发现和验证的机会。

6.5.1 延伸到更完整的业务环节

前面介绍的案例只覆盖了普渡餐饮的接单、采购、生产加工和配送环节。对于完整的企业运营来说,还有很多其他环节具备数字化升级价值。还以普渡餐饮为例,可以把营销拓客、销售转化、客服、人事考核等都加进来。利用零代码平台的一大好处就是各个业务系统天生就是紧密相连的,这减少了采用不同技术解决方案带来的数据孤岛问题。比如延伸客服应用时,可以直接共享既有的客户和订单数据。零代码平台的工作表关联一般都可以跨应用实现,所以无论怎样规划应用组合,都可以在企业内进行数据的统一治理。这对企业数字化建设来说是非常重要的。

在延伸业务环节的时候,一般可以从核心业务流程,或者说是企业的关键价值开始。比如本例中,普渡餐饮的价值就是为客户加工餐饮并配送。在核心业务流程完善后,再向支持性职能扩展。

在业务延伸环节中,一般只有核心价值创造流程才值得建立差异化竞争优势。比如普渡餐饮就可利用数字化能力建立零库存且全自动的原材料采购和配送体系,从而建立在企业餐饮服务市场的成本优势。而在支持性业务环节,只需要对标一般竞争者即可。数字化建设的主要精力始终应该聚焦在核心业务流上。

6.5.2 以客户为中心的服务延伸

上述案例中没有涉及客户体验相关的环节。这个环节对于任何企业来说都有发挥和创造的空间。比如普渡餐饮可以建立在线菜单,允许客户直接自助下单;可以为客户创建菜单收藏功能,提高客户下单体验;客户下单以后,还可以使其实时跟踪订单处理状态,甚至可以直接跟踪到加工单,甚至在需要的时候可给厨师长带个话。

数字化建设在客户体验方面的创新空间是无穷尽的。设计什么样的信息系统,信息系统提供什么功能,一切都可以以是否能够给客户带来价值和高体验为标准。

相反，我们也可以根据客户现实的痛点逆向思维，想一想如何通过数字化能力来解决客户的问题。比如客户不想花时间来盯物流，那么我们就可以在进入加工步骤和交付给物流公司的时候主动推送短信通知客户。这些其实就是我们常说的"有温度"的 IT。

6.5.3 自动化

所谓自动化，就是将过去需要人员处理的工作交给程序处理。理论上来说，只要有在线业务数据，通过原生代码开发，就能够实现想要的自动化场景。只是这个过程比较昂贵。这涉及业务需求部门和软件研发团队的高密度沟通，还需要做很多调试和验证工作。

零代码平台给了业务用户一个自助完成复杂的自动化特性开发工作的机会。准确地说，这个过程是通过可视化配置完成的，并不需要写代码。在本例中，普渡餐饮通过客户的订单，查询订单产品明细中所列的原料数量，即可自动计算出每天所需采购的原料并生成采购单。通过实验和调优，应用可以将原料预定数量控制得非常精确，而且不需要人工参与计算。在过去，餐饮企业都必须依赖主厨的个人经验来做决策，这既不准确，也不易控制。这个自动化设计不仅提高了运营效率，而且节省了很多不必要的人力投入。

6.5.4 洞察

当业务运营起来以后，我们就会不断积累出商业数据。这些数据会给企业更多的洞察机会。比如普渡餐饮可以通过分析客户订单结构来优选菜品组合，通过价格敏感度测试优化定价，通过订单配送时间需求优化运营方法。几乎所有商业数据的集合都会带来更好的决策。

只要数据在一起，进行报表分析就不复杂，你甚至不用再购买昂贵的 BI 软件，零代码平台本身就能够构建各种基于数据表的统计组件，这个过程如同制作 Excel 图表一样简单。

6.5.5 业务扩展

企业投资数字化建设，有一个很重要的动因就是满足未来的规模化成长。在业务规模不大的时候，用简单的工具也许还能对付，例如销售部如果只有几名员工，那么用 Excel 进行记录和日常沟通就能够解决销售管理问题。但是当人员扩充到数十个以后，就需要进行真正意义上的数字化建设了。

人员扩充只是业务扩展的一种形式，更复杂的扩展是引入多个运营实体。例如普渡餐饮很可能需要在一个城市建立多个生产加工中心，以降低配送成本和加快配送速度；它也有可能走出一个城市，在全国范围内运作。这时候，集中服务的数字化系统就会发挥更大的效力，单位成本也会被"摊薄"。建立多运营实体，在 IT 方面的投入并不一定很多。基于前面分析的普渡餐饮业务数据架构可知，我们只要增加运营城市、生产加工中心对象，就能够将现有的应用快速扩展为一个可供多站点使用的系统。

第 7 章

实践：怎样搭建一个 ERP 应用

ERP（企业资源计划）是 IT 咨询商 Gartner 早期提出的一种供应链管理思想，主要从供应链环节着手去优化企业资源计划过程，规范企业流程，以达到最高水准的资源利用率。广义的 ERP 泛指企业运营管理的所有中后台业务系统。本章我们以明道云零代码平台为例，围绕供应链环节搭建一个狭义的企业 ERP，从进、销、存三方面对企业进行综合管理。这套系统适用于大部分生产和贸易型企业。

本章介绍的 ERP 解决方案是一个经典和标准的系统，如果企业的实际需求的复杂度低于本案例，那么直接从明道云应用库中安装预置的模板就可满足。但实际情况是，大部分企业的业务规模都比本案例对标的企业大，这类企业都会在 ERP 实现过程中存在个性化需求，这正是利用零代码平台来实现 ERP 的价值所在。客户可以根据本章内容理解产品结构和能力，在标准模板的基础上进行加强或简化，使最终的定制应用完全符合本企业的个性化需求。注意，本章只介绍一个 ERP 系统的整体框架，不涉及完整的操作步骤，因为完整操作步骤已在第 4 章完整介绍过了，故无须重复。这里只对少量主要操作进行介绍。

一个标准的 ERP 系统，可以按照业务类型分成库存管理、采购管理、销售管理、账务管理四大模块。各个模块及其内容如图 7-1 所示。

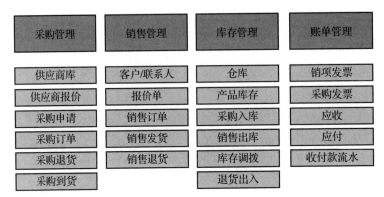

图 7-1 标准 ERP 系统模块

7.1 确定数据对象,建立数据结构

在设计管理系统时,应先根据业务环节确定分组,然后在不同组内建立对应的基本单元,也就是数据对象。在明道云内,通过分组和工作表可实现组别和数据对象,然后再基于工作表的特性(可以与他表关联)来建立数据结构。

下面分模块详细介绍 ERP 的数据对象及数据结构。

7.1.1 库存管理模块

库存管理模块是连接销售、采购的关键模块,这里包含了仓库的设置、物料的维护、库存查询、出入库等。只有企业的库存管理构建合理,才可计算出准确的利润报表,进而制定出合理的战略计划。库存是企业资产的体现,也是企业管理的核心要素。

1. 物料

物料是库存管理的最基本元素之一,广义的物料包括与生产有关的所有物品,如原材料、辅助用品、半成品、成品等。在本案例中,物料主要指供销售和采购环节使用的成品。经过分析整理,物料工作表数据结构如表 7-1 所示。

表 7-1 物料工作表基础字段

字段名称	字段类型	字段备注
状态	下拉框	标识一条记录的可用状态,通常用"生效""失效"表示
物料编号	文本	一种物料对应一个不重复的编号,这是区分物料的标识,可以使用英文或拼音加数字的形式进行编号,这种形式方便识别分类

（续）

字段名称	字段类型	字段备注
物料名称	文本	用于识别物料
单位	文本	记录物料的标准单位
物料描述	文本	该物料的简要描述，如特性、规格等
物料群组	多选项	用于区分物料群类，常用选择项有原材料、半成品、成品、虚拟物料
属性	多选项	定义物料状态，常用选择项有库存产品、可采购、可销售
采购默认单价	金额	默认采购单价，可通过默认值在采购明细中给出
销售默认单价	金额	默认销售单价，可通过默认值在销售明细中给出
税率	数值	—
图片	附件	一般为该物料的样例示图

基于表 7-1 中所示的字段，创建对应的物料工作表。

1）**创建工作表**。点击图 7-2 所示界面左侧的"+应用项"选项，然后选择"工作表"选项来新增一个工作表，并将其命名为"物料"。

图 7-2　新建工作表

2）**编辑字段**。表单创建成功后，系统会自动跳转到编辑页面。表单编辑页面的左侧为系统提供的可用控件，中间是当前工作表的字段设计区，右侧是选中字段的属性配置区，如图 7-3 所示。字段配置完毕后保存即可。

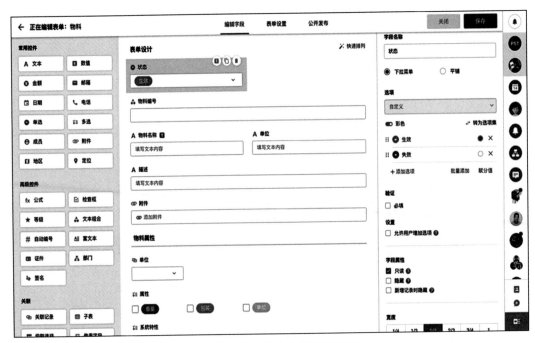

图 7-3　物料工作表字段编辑页面

图 7-4 所示为查看一个物料工作表的效果，这和设计时的布局是相同的，物料工作表所需字段可参考表 7-1。

由于不同对象的工作表的创建方法相同，所以后续不再介绍如何创建数据对象的工作表。

2. 仓库

仓库就是存储物料的库房，可以是实体的，也可以是虚拟的。虚拟仓库用于记录物料摆放的位置。

与物料一样，仓库作为基础数据被引用，用户可以进入对应仓库，查看该仓库内当前产品的库存情况。仓库工作表的效果如图 7-5 所示，仓库工作表的基础字段如表 7-2 所示。

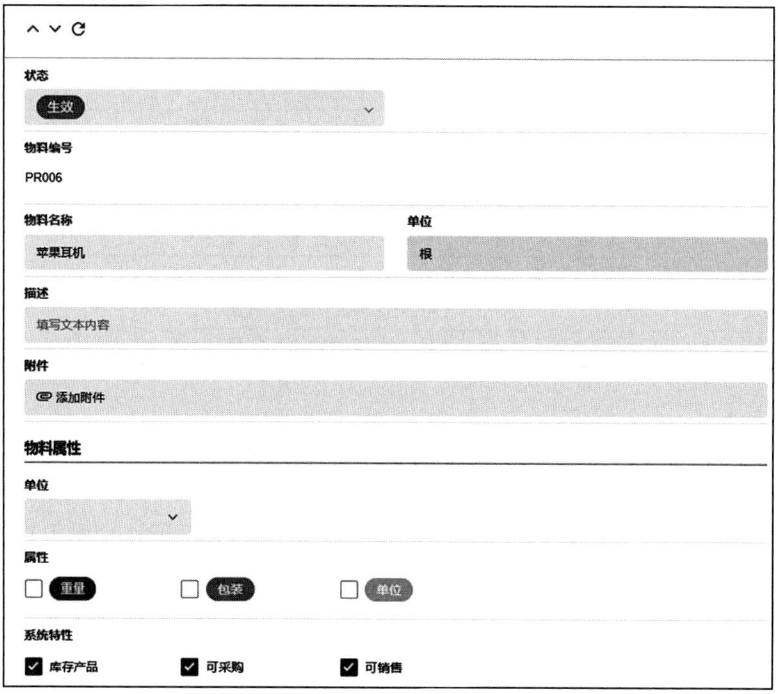

图 7-4　物料工作表

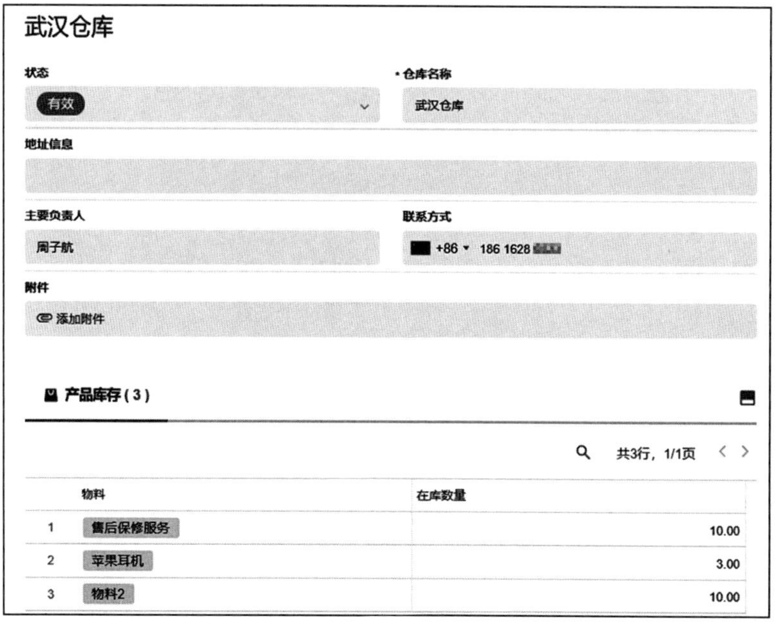

图 7-5　仓库工作表

表 7-2 仓库工作表基础字段

字段名称	字段类型	备注
状态	下拉框	标识一条记录的可用状态,通常用"生效""失效"表示
仓库编号	文本	一个仓库对应一个不重复的编号
仓库名称	文本	如上海原料仓 1 号
地址信息	文本	仓库的详细地址
仓库描述	文本	仓库的简要描述,如规模等
主要负责人	成员	仓库管理员,用于维护仓库信息
联系方式	手机	仓库负责人的联系方式
产品库存	1 对多关联	展示存储的产品及其数量

3.产品库存

库存是仓库中实际储存的物料数量,通过库存可以直观查看某一物料在仓库内的储存量。产品库存是库存管理的核心模块。它连接物料工作表和仓库工作表(一条产品库存记录会包含物料工作表中的产品和仓库工作表中的仓库信息)。产品库存工作表的效果如图 7-6 所示,其基础字段如表 7-3 所示。

图 7-6 产品库存工作表

表 7-3 产品库存工作表基础字段

字段名称	字段类型	备注
物料编号	1 对 1 关联	与物料表数据关联
物料名称	他表字段	根据关联物料工作表，引用物料名称
在存仓库	1 对 1 关联	引用仓库工作表数据，记录物料在存仓库
在库数量	数值	当前库内物料的数量
单位	文本	引用关联物料的单位的默认值
平均成本	金额	记录库内物料的平均成本
期末余额总计	公式	在库数量 * 平均成本
出库记录	1 对多关联	多条关联，展示出库记录
入库记录	1 对多关联	多条关联，展示入库记录

4. 入库单

入库单是对物料入库数量、成本的确认，影响产品库存，是企业内部进行管理和控制工作的重要凭证。入库单工作表的效果如图 7-7 所示，其基础字段如表 7-4 所示。

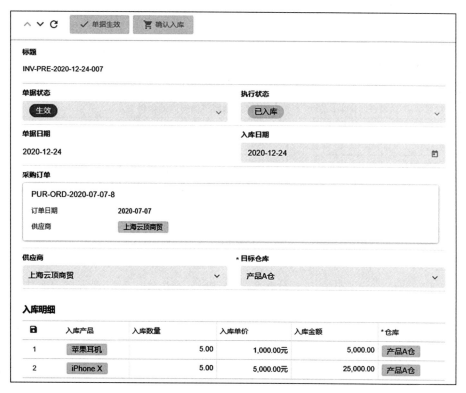

图 7-7 入库单工作表

表 7-4　入库单工作表基础字段

字段名称	字段类型	备注
入库单号	文本	入库单的唯一识别编码
单据状态	下拉框	标识单据状态，常用的状态有"草稿""生效""失效"
执行状态	下拉框	标识入库单执行情况，常用的选择项有"待入库""已入库"
单据日期	日期	只读字段，默认为单据创建日期
入库日期	日期	入库日期记录
采购订单	1 对 1 关联	入库单来源
供应商	1 对 1 关联	默认为采购订单供应商
目标仓库	1 对 1 关联	引用仓库工作表，选择要存入的仓库
关联采购到货单	1 对 1 关联	引用采购到货单，显示对应的采购到货单
入库明细	子表	描述入库详细信息
备注	文本	入库的相关备注

入库明细工作表是入库单工作表的子表，一个入库批次可能包含多条入库物料的记录。后面要介绍的出库单工作表和出库明细工作表也是类似的关系。理解主记录和关联子表是搭建所有包含明细单据业务应用的前提，入库明细工作表的基础字段如表 7-5 所示。

表 7-5　入库明细工作表基础字段

字段名称	字段类型	备注
入库物料	1 对 1 关联	选择的物料工作表内的物料
入库数量	数值	物料数量记录
入库单价	金额	根据采购明细单价，自动生成的入库单价
入库金额	公式	用于库存成本计算，入库数量 * 入库单价
仓库	1 对 1 关联	引用仓库字段，默认与入库单仓库字段对应，也可手动修改
关联采购明细	1 对 1 关联	显示相应的采购明细
备注	文本	需要补充说明的内容

5. 出库单

与入库单对等，出库单用于对物料出库数量、成本、金额进行确认，其影响库存。出库单工作表的效果如图 7-8 所示，其基础字段如表 7-6 所示。

6. 调拨单

调拨单记录的是物料在同一公司不同仓库之间的移动。调拨单工作表的效果如图 7-9 所示，其基础字段如表 7-8 所示。

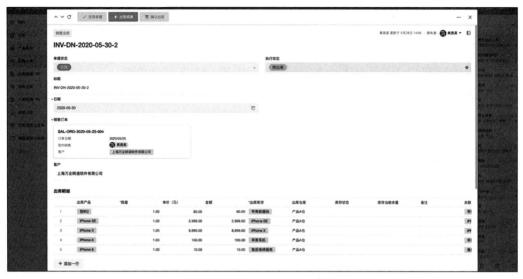

图 7-8 出库单工作表

表 7-6 出库单工作表基础字段

字段名称	字段类型	备注
出库单号	文本	出库单的唯一识别编码
单据状态	下拉框	标识单据状态，常用选择项有"草稿""生效""失效"
执行状态	下拉框	标识出库单执行情况，常用选择项有"待入库""已入库"
单据日期	日期	只读字段，默认为单据创建日期
出库日期	日期	记录的出库日期
销售订单	1 对 1 关联	出库单来源
客户	1 对 1 关联	默认为销售订单的客户
关联发货单	1 对 1 关联	描述与该出库单对应的发货单
出库明细	子表	描述出库详细信息
备注	文本	需要补充说明的内容

出库明细工作表的基础字段如表 7-7 所示。

表 7-7 出库明细工作表基础字段

字段名称	字段类型	备注
出库物料	1 对 1 关联	选择物料工作表内的物料
出库数量	数值	出库物料的数量
出库单价	金额	默认为销售明细单价
出库金额	公式	出库金额总计，用于计算利润，出库数量 * 出库单价
出库仓库	1 对 1 关联	引用的仓库字段

（续）

字段名称	字段类型	备注
备注	文本	其他相关信息记录备忘
关联发货明细	1对1关联	描述与该笔出库对应的发货明细
关联销售明细	1对1关联	描述与该笔出库对应的销售明细

图 7-9　调拨单工作表

表 7-8　调拨单工作表基础字段

字段名称	字段类型	备注
调拨单号	文本	调拨单唯一识别编码
单据状态	下拉框	标识调拨单状态，常用选择项有"有效""草稿"
调拨日期	日期	实际调拨日期
调拨产品	1对1关联	选择的产品库存工作表内的某一记录
在存仓库	1对1关联	只读，默认为"调拨物料"所存仓库
目标仓库	1对1关联	必填项，调拨出来的物料要存入的仓库
调拨数量	数值	实际调拨数量
平均成本	金额	默认值，不可修改，引用"产品库存"成本
调拨成本金额	公式	调拨成本总金额，用于计算入库后新产品库存成本，调拨数量 * 平均成本
备注	文本	其他相关信息备忘

在实际库存业务中，还会涉及盘点操作。盘点操作可能带来盘盈（盘点结果超出

记录中的库存余额）或盘亏（盘点结果低于记录中的库存余额）。除了定期进行盘点外，还可能有因偶然事件带来库存报废，以及不同主体之间进行库存借贷等事务出现，用户可以根据需要来扩展相关功能。

7.1.2 采购管理模块

采购管理是指对采购业务过程进行组织、实施与控制的管理过程。采购模块主要包含供应商、供应商报价、采购申请、采购订单、采购退货、采购到货等功能，通过这些功能可对采购全过程进行有效控制和跟踪，进而实现企业的物资供应信息管理。采购模块与库存模块、账务模块相辅相成。

1. 供应商

供应商是指向企业提供所需资源的企业或个人，所提供的资源包括原材料、设备、能源、劳务等。供应商是采购订单的交易对象，是物料的提供者。供应商工作表的效果如图 7-10 所示，其基础字段如表 7-9 所示。

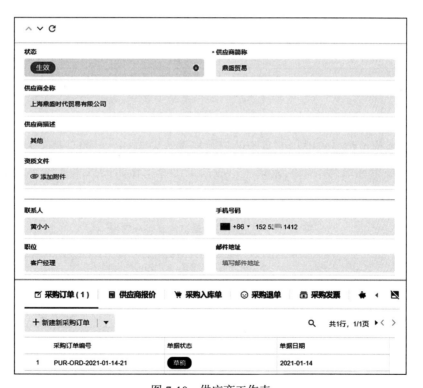

图 7-10　供应商工作表

表 7-9 供应商工作表基础字段

字段名称	字段类型	备注
状态	下拉框	标识供应商有效情况，常用选择项有"生效""失效"
供应商编号	文本	供应商唯一识别编码
供应商简称	文本	供应商常用简称，如明道云
供应商全称	文本	如上海万企明道软件有限公司
资质文件	附件	与资质有关的文件，常见格式有图片和文本文件等
联系人	文本	供应商指定的对接人
手机号码	专有类型	联系人的手机号码
职位	文本	联系人的相关职位信息
邮件地址	专有类型	联系人的邮件地址
开户银行	文本	付款信息，主要用于后续开票、付款等流程
银行账号	文本	
纳税人识别号	文本	
开票地址和电话	文本	
备注	文本	其他相关信息备忘
供应商报价	1 对多关联	展示字段，展示该供应商的报价信息
采购订单	1 对多关联	展示字段，展示与该供应商相关的采购订单信息
采购退单	1 对多关联	展示字段，展示与该供应商相关的采购退单信息
采购入库单	1 对多关联	展示字段，展示与该供应商相关的入库单信息
采购发票	1 对多关联	展示字段，展示与该供应商相关的采购发票信息
应付	1 对多关联	展示字段，展示与该供应商相关的应付账款信息

2. 供应商报价单

供应商报价单信息将以检索目录的形式提供给采购员，目的是帮采购员以最便捷的方式获得性价比最高的采购方式。供应商报价单工作表的效果如图 7-11 所示，其基础字段如表 7-10 所示。

表 7-10 供应商报价单工作表基础字段

字段名称	字段类型	备注
报价单编号	文本	供应商报价单在系统内的唯一识别编码
状态	下拉框	标识报价是否有效，常用选项有"生效""失效""作废"等
生效日期	日期	报价单生效日期
截止日期	日期	到了截止日期，自动更新报价单状态为"作废"
供应商	1 对 1 关联	引用供应商字段，表明该报价单的所属供应商
报价明细	子表	详见表 7-11
总计	汇总	汇总报价明细总金额
备注	文本	其他相关信息备忘

第 7 章　实践：怎样搭建一个 ERP 应用　　149

图 7-11　供应商报价单工作表

供应商报价明细工作表从属于供应商报价单工作表，一个报价单可以包含多条明细。报价明细工作表基础字段如表 7-11 所示。

表 7-11　报价明细工作表基础字段

字段名称	字段类型	备注
物料	1 对 1 关联	引用物料工作表，选择与报价明细对应的产品
数量	数值	报价的物料数量
单价	金额	报价单价
小计	公式	报价总金额
备注	文本	其他相关信息备忘

3. 采购申请

采购申请又称请购单，主要是企业内其他部门向负责采购的部门提交的物料采购申请表，其中包括所需要的物料的种类和数量。采购申请由采购部门处理。采购申请工作表的效果如图 7-12 所示，其基础字段如表 7-12 所示。

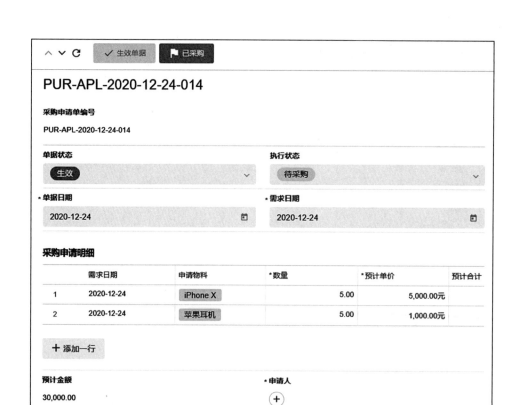

图 7-12 采购申请单工作表

表 7-12 采购申请单工作表基础字段

字段名称	字段类型	备注
采购申请单编号	文本	采购申请单的唯一识别编码
单据状态	下拉框	标识采购申请单是否有效
执行状态	下拉框	标识该采购申请处理情况
单据日期	日期	只读，默认为单据创建日期
需求日期	日期	物料需求日期
采购申请明细	子表	描述采购申请单的详细内容，见表 7-13
申请人	成员	记录申请人员，默认为创建者
预计金额	汇总	汇总申请明细金额
备注	文本	其他相关信息备忘

采购申请明细工作表用于描述采购申请详情，是采购申请单工作表的子表。采购申请明细工作表基础字段如表 7-13 所示。

表 7-13　采购申请明细工作表基础字段

字段名称	字段类型	备注
申请物料	1 对 1 关联	引用物料工作表，选择与申请明细对应的产品
数量	数值	申请采购的物料数量
预计单价	金额	预估的物料单价
预计合计	公式	预估的总金额，数量 * 预计单价
需求日期	日期	期望采购到货日期，往往也是实际需求日期
备注	文本	其他相关信息备忘
待处理数量	数值	根据采购情况自动计算
已处理数量	数值	根据采购情况自动计算

4. 采购订单

采购订单是采购单据的凭证，用于记录采购相关内容，包含物料种类、金额、数量等重要信息。采购订单工作表的效果如图 7-13 所示，其基础字段如表 7-14 所示。

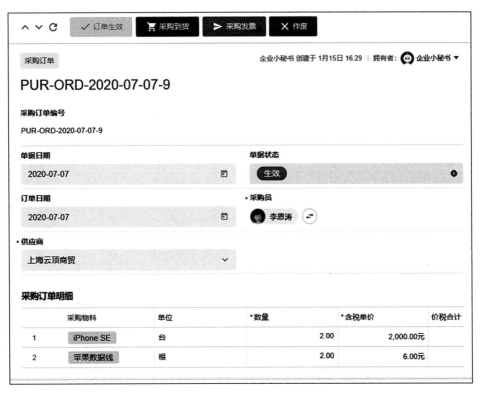

图 7-13　采购订单工作表

表 7-14 采购订单工作表基础字段

字段名称	字段类型	备注
采购订单编号	文本	采购订单的唯一识别编码
单据日期	日期	单据制作日期，默认为创建时间
单据状态	下拉框	标识采购订单状态
预计合计	公式	对采购申请明细工作表中预计金额求和
订单日期	日期	实际采购订单发生日期
采购员	成员	实际采购下单人员
供应商	1 对 1 关联	引用供应商表信息，显示该采购订单中相关物料的供应商
采购订单明细	子表	详见表 7-15
采购合计	汇总	汇总采购订单明细金额
备注	文本框	

采购订单明细工作表是采购订单工作表的子表，其基础字段如表 7-15 所示。

表 7-15 采购订单明细工作表基础字段

字段名称	字段类型	备注
采购物料	1 对 1 关联	引用物料工作表，选择与订单明细对应的产品
单位	文本	只读，默认为采购物料单位
数量	数值	实际采购数量
含税单价	金额	实际采购含税金额
价税合计	公式	采购总金额，数量 * 含税单价
税率	数值	默认为采购物料税率
无税单价	公式	物料无税单价，含税单价 / (1+ 税率)
税额	公式	物料税金总计，数量 * (含税单价 – 无税单价)
需求日期	日期	采购物料的实际需求日期
关联采购申请	1 对 1 关联	与采购申请工作表相关联
备注	文本	其他相关信息备忘
累计到货数量	数值	只读，通过到货明细自动计算
未到货数量	公式	数量 – 累计到货数量
累计入库数量	数值	只读，通过入库明细自动计算
未入库数量	公式	数量 – 累计入库数量
累计开票数量	数值	只读，通过开票明细自动计算
未开票数量	公式	数量 – 累计开票数量
退货数量	数值	根据实际退货情况记录

5. 采购到货单

采购到货单是由供应商发来的到货通知，记录已有采购订单、供应商的发货情况，一个采购订单可以对应多个采购到货单。采购到货单工作表的效果如图 7-14 所示，其基础字段如表 7-16 所示。

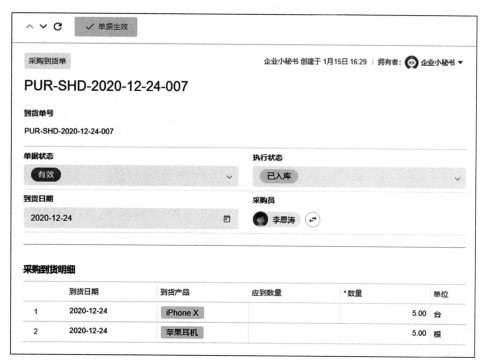

图 7-14　采购到货单工作表

表 7-16　采购到货单工作表基础字段

字段名称	字段类型	备注
到货单号	文本	采购到货单的唯一识别编码
单据状态	下拉框	标识采购到货单状态
执行状态	下拉框	标识到货单中所涉物料入库情况，通过库存工作表获取相关信息，自动更新
到货日期	日期	实际到货日期记录
采购员	成员	针对与该采购到货单对应的采购订单中所列物料进行采购的人员
到货明细	子表	详见表 7-17
入库单	1 对多关联	展示该笔采购到货单的入库情况
到货金额合计	汇总	汇总到货明细金额
目标仓库	1 对 1 关联	选择的物料存入的仓库
关联采购订单	1 对 1 关联	显示该采购到货单归属的采购订单

采购到货明细工作表是采购到货单工作表的子表，其基础字段如表 7-17 所示。

表 7-17 采购到货明细工作表基础字段

字段名称	字段类型	备注
到货物料	1 对 1 关联	关联物料工作表，选择到货物料
应到数量	数值	只读，自动通过订单明细计算
实到数量	数量	实际到货数量
单位	文本	只读，默认为物料单位
含税单价	金额	只读，根据采购明细生成
到货金额	公式	计算实际到货所需金额，实到货数量 * 含税单价
收货仓库	1 对 1 关联	引用仓库工作表，显示实际存入的仓库
到货日期	日期	实际到货日期记录
备注	文本	显示其他相关信息备忘

6. 采购退货

采购退货是指在采购过程中或者收货后，由于某种原因将采购物料退回给供应商的业务行为。采购退货工作表的效果如图 7-15 所示，其基础字段如表 7-18 所示。

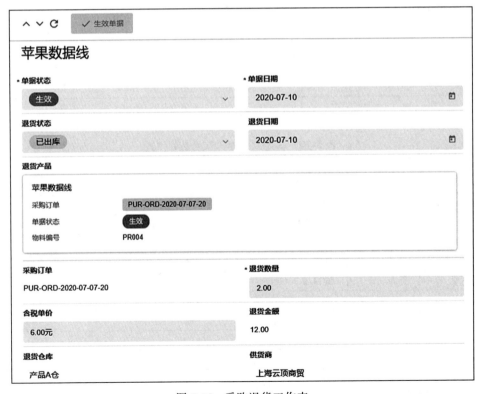

图 7-15 采购退货工作表

表 7-18 采购退货工作表基础字段

字段名称	字段类型	备注
单据状态	下拉框	标识退货状态
单据日期	日期	只读，默认为创建日期
退货状态	下拉框	标识退货状态，由库存出库，自动更新
退货日期	日期	记录实际退货日期
退货产品	1 对 1 关联	关联采购明细，选择要退货的产品
采购订单	1 对 1 关联	根据退货产品默认关联采购订单
退货数量	数值	记录实际退货数量
含税单价	金额	根据退货产品，自动默认退货单价
退货金额	公式	记录实际退货金额，用于计算库存成本，退货数量 * 含税单价
退货仓库	1 对 1 关联	引用仓库表，显示该物料的具体退货仓库
供应商	1 对 1 关联	退货对应的供应商

7.1.3 销售管理模块

销售模块主要包含客户、报价、订单等功能子模块，对销售进行全过程控制和跟踪，帮助销售人员建立客户档案、报价管理、订单管理、发货退货等功能体系。其与库、账务模块相关联，可形成销售业务闭环。

1. 客户

客户工作表的效果如图 7-16 所示，其基础字段如表 7-19 所示。

表 7-19 客户工作表基础字段

字段名称	字段类型	备注
客户编码	文本	与单一客户对应的系统内的唯一编码
客户名称	文本	客户全称，如"上海万企明道有限公司"
客户类型	单选项	一般为企业客户，特殊情况下会有个人客户
客户经理	成员	客户负责人
地址	文本	客户实际地址，为默认的发货地址
主要联系人	文本	主要联系人信息，为默认的发货信息
手机号码	专有类型	客户相关联系电话，为默认的发货信息
邮件地址	专有类型	客户邮件地址
其他联系人	子表	详见表 7-20
开户银行	文本	
银行账号	文本	客户开票付款信息
纳税人识别号	文本	
开票地址和电话	文本	

（续）

字段名称	字段类型	备注
销售订单	1对多关联	展示字段，展示与该客户相关的销售订单信息
报价单	1对多关联	展示字段，展示与该客户相关的销售报价订单信息
出货单	1对多关联	展示字段，展示与该客户相关的销售出货订单信息
进项发票	1对多关联	展示字段，展示与该客户相关的销售发票信息
应收	1对多关联	展示字段，展示与该客户相关的销售应收账款信息
销售退货	1对多关联	展示字段，展示与该客户相关的销售退货信息
退货入库	1对多关联	展示字段，展示与该客户相关的退货入库信息

图 7-16 客户工作表

联系人工作表是客户工作表的子表，用于记录其他联系人的信息，其基础字段如表 7-20 所示。

表 7-20 联系人工作表基础字段

字段名称	字段类型	备注
姓名	文本	联系人姓名,如"张三""李四"
职位	文本	对应联系人的相关职位
手机号码	专有类型	对应联系人的联系号码
邮箱	专有类型	对应联系人的联系邮箱
照片	附件	联系人照片

2. 报价

报价单制作完成并在内部审核通过后,会发送给对应的潜在对象。报价工作表的效果如图 7-17 所示,其基础字段如表 7-21 所示。

图 7-17 报价工作表

表 7-21 报价工作表基础字段

字段名称	字段类型	备注
报价单编号	文本	报价单的唯一识别编码
状态	下拉框	标识报价单是否有效

（续）

字段名称	字段类型	备注
报价日期	日期	一般为报价单的生效日期
客户	1 对 1 关联	引用客户工作表，标识与该报价单对应的客户相关信息
有效期限	日期	到达有效期限后自动变更状态为"失效"
报价明细	子表	详见表 7-22

表 7-22 报价明细工作表基础字段

字段名称	字段类型	备注
物料名称	1 对 1 关联	关联物料工作表，选择已报价的物料
单价	金额	对应物料工作表中的物料单价
数量	数值	报价物料的数量
单位	文本	只读，默认为物料的单位
小计	公式	报价金额小计，数量 * 单价
备注	文本	其他相关信息备忘

3. 销售订单

销售订单用于记录与销售相关的内容，比如物料数量、金额等信息。销售订单工作表的效果如图 7-18 所示，其基础字段如表 7-23 所示。

图 7-18 销售订单工作表

表 7-23 销售订单工作表基础字段

字段名称	字段类型	备注
订单编号	文本	唯一值，标识订单
单据状态	下拉框	标识订单的有效性
签约销售	成员	实际签约销售记录
订单日期	日期	记录订单签约日期
客户	1 对 1 关联	关联客户工作表，可选取客户工作表中的某一客户
收货地址	文本	默认为客户地址，可修改
联系人	文本	默认为客户联系人，可修改
电话	专有类型	默认为客户电话，可修改
订单明细	子表	详见表 7-24
金额总计	汇总	汇总销售金额
其他备注条款	文本	订单的其他备注条款信息，如折扣、期限等
来源报价	1 对 1 关联	显示该订单的来源报价单
发货单	1 对多关联	展示信息，展示该订单的发货批次
发货明细	1 对多关联	展示信息，展示该订单的发货明细信息
出库记录	1 对多关联	展示信息，展示该订单的出库信息
进项发票	1 对多关联	展示信息，展示该订单的发票信息

销售订单明细工作表是销售订单工作表的子表，用于记录订单主要内容，如物料种类、数量、金额等，在明道云内可以通过子表功能来实现。

销售订单明细工作表基础字段如表 7-24 所示。

表 7-24 销售订单明细工作表基础字段

字段名称	字段类型	字段值	备注
物料	1 对 1 关联		关联物料工作表，可选择物料工作表中的物料
数量	数值		实际订单购买数量
含税单价	金额		默认为物料销售单价
单位	文本		默认为物料单位
价税合计	公式		含税单价 * 数量
税率	数值		默认为物料税率
备注	文本		其他相关信息备忘
未发货数量	公式		数量 – 已发货数量
已发货数量	数值		由工作流自动计算
未出库数量	公式		数量 – 已出库数量
已出库数量	数值		由工作流自动计算
未开票数量	公式		数量 – 已开票数量
已开票数量	数值		由工作流自动计算
退货数量	数值		由工作流自动计算

4. 发货单

在销售订单生效之后，会安排相关人员进行发货，发货单会作为发货凭证给到客户。在我们自己的系统内，发货单工作表主要记录发货及其相关信息。发货单工作表的效果如图 7-19 所示，其基础字段如表 7-25 所示。

图 7-19　发货单工作表

表 7-25　发货单工作表的基础字段

字段名称	字段类型	备注
发货单编号	文本	发货单的唯一识别编码
单据状态	下拉框	标识发货单的有效性
发货状态	下拉框	标识发货单实际执行状态
销售订单	1 对 1 关联	显示该发货单工作表归属的销售订单工作表
单据日期	日期	发货单制单日期
发货日期	日期	实际发货日期
收货客户	1 对 1 关联	关联客户工作表，可选取客户工作表中的某一客户，默认为订单客户
收货地址	文本	默认为客户地址，可修改
联系人	文本	默认为客户联系人，可修改
电话	专有类型	默认为客户电话，可修改
发货明细	子表	详见表 7-26
出库记录	1 对多关联	展示字段，展示该发货单上所涉物料的出库情况

表 7-26 发货明细工作表基础字段

字段名称	字段类型	备注
发货物料	1 对 1 关联	关联物料工作表，可选择物料工作表中的物料
应发数量	数值	默认为订单明细中的未发货数量
发货数量	数值	实际发货数量，可修改
单位	文本	默认为物料单位
发货仓库	1 对 1 关联	引用仓库字段，可选择对应的发货仓库
单价	金额	订单明细中的物料单价，不可修改
发货金额	公式	单价 * 发货数量
备注	文本	其他相关信息备忘

5. 销售退货

销售退货是指在销售过程中或者收货后，客户由于某种原因将订单物料退回企业的业务行为。销售退货工作表的效果如图 7-20 所示，其基础字段如表 7-27 所示。

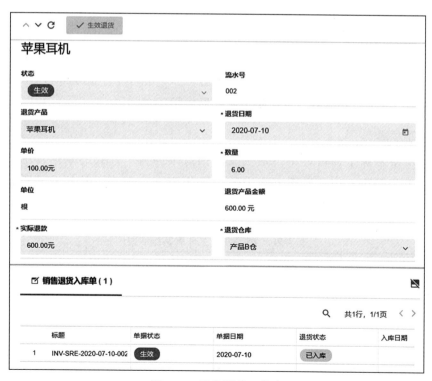

图 7-20 销售退货工作表

表 7-27 销售退货工作表基础字段

字段名称	字段类型	备注
单据状态	下拉框	标识销售退货审核状态
执行状态	下拉框	标识销售退货实际执行状态
退货产品	1对1关联	关联物料工作表，可在物料工作表中选择要退货的物料
退货日期	日期	记录实际退货日期
单价	金额	订单明细中的物料单价，不可修改
数量	数值	记录实际退货数量
单位	文本	默认为物料单位
退货产品金额	公式	单价 * 数量
实际退款	金额	默认为退货物料金额，可修改
退货仓库	1对1关联	引用仓库工作表，在仓库工作表中可选择物料退货的具体仓库
退货原因	文本	录入退货原因
退货客户	1对1关联	与客户关联，显示该笔退货单的归属客户
退货入库	1对多关联	展示实际退货入库情况

7.1.4 账务管理模块

账务模块是企业的财务中心，也是财务人员的工作平台，可帮助企业整体管控业务账单，完成记账等工作。账务模块主要包含应收、应付、开票等功能子模块，其与采购模块、销售模块相关联，可让整个流程形成闭环。

1. 销项发票

销项发票来源于销售订单，是企业根据订单为客户开具的票据，用于描述或记载订单销售内容。销项发票工作表的效果如图 7-21 所示，其基础字段如表 7-28 所示。

表 7-28 销项发票工作表基础字段

字段名称	字段类型	备注
单据状态	下拉框	标识开票状态，覆盖从申请到最终线下开票的全过程
单据日期	日期	单据制单日期
发票号	文本	记录实际发票号
发票类型	下拉框	标识发票类型
关联采购订单	1对1关联	显示发票归属的采购订单工作表
所属销售	成员	默认为订单签约的销售人员
发票明细	子表	详见表 7-29

(续)

字段名称	字段类型	备注
开票金额	汇总	物料的总金额
客户	1 对 1 关联	默认为订单客户
客户全称	文本	只读，默认值为客户名称
纳税人识别号	文本	默认为客户工作表中的纳税人识别号
开户银行	文本	默认为客户工作表中的开户银行
银行账号	文本	默认为客户工作表中的银行账号
开票地址和电话	文本	默认为客户工作表中的开票地址和电话
其他附件	附件	开票所需的其他相关文件

图 7-21　销项发票工作表

2.进项发票

进项发票与采购订单都是供应商向企业开具的凭证。进项发票根据采购单开具，描述、记载向供应商采购物料的信息。进项发票工作表的效果如图 7-22 所示，其基础字段如表 7-29 所示。

表 7-29 发票明细工作表基础字段

字段名称	字段类型	备注
物料	1 对 1 关联	关联物料工作表，可在其中选择发票明细物料
含税单价	金额	订单明细工作表中的单价，不可修改
数量	数值	实际开盘数量
单位	文本	默认为物料工作表中记录的单位
税率	数值	默认为物料工作表中记录的税率
价税合计	公式	数量 * 含税单价
税金	公式	价税合计 – 数量 * 无税单价
无税单价	公式	含税单价 / (1+ 税率)
备注	文本	其他相关信息备忘
关联销售订单	1 对 1 关联	显示该笔发票归属的订单工作表

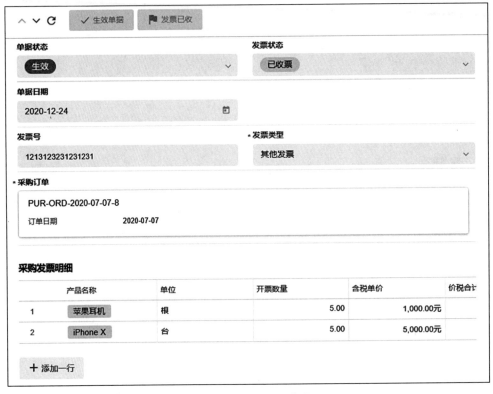

图 7-22 进项发票工作表

表 7-30　进项发票工作表基础字段

字段名称	字段类型	备注
单据状态	下拉框	标识票据是否有效
单据日期	日期	制单日期
发票状态	下拉框	标识发票的执行状态
发票号	文本	记录实际发票号码
发票类型	下拉框	标识发票类型
关联采购订单	1 对 1 关联	代表该发票的归属的采购订单工作表
发票日期	日期	记录实际开票日期
采购员	成员	默认为采购订单工作表中的采购员
发票明细	子表	详见表 7-31
开票金额	汇总	采购物料工作表中所用总金额
供应商	1 对 1 关联	默认为订单工作表中所列供应商
其他附件	附件	上传开票其他相关文件

表 7-31　进项发票明细工作表基础字段

字段名称	字段类型	备注
物料	1 对 1 关联	关联物料工作表，在其中可选择发票明细物料
含税单价	金额	订单明细工作表中的单价，不可修改
数量	数值	记录实际开票数量
单位	文本	默认为物料单位
税率	数值	默认为物料税率
价税合计	公式	数量 * 含税单价
税金	公式	加税合计 – 数量 * 无税单价
无税单价	公式	含税单价 / (1+ 税率)
备注	文本	其他相关信息备忘
关联采购订单	1 对 1 关联	该进项发票明细工作表归属的采购订单工作表

3. 应收

根据销项发票生成应收项。应收工作表用于记录客户对企业的欠款。应收工作表的效果如图 7-23 所示，其基础字段如表 7-32 所示。

表 7-32　应收工作表基础字段

字段名称	字段类型	备注
状态	下拉框	标识应收状态
销售订单	1 对 1 关联	该应收工作表所属的销售订单工作表

（续）

字段名称	字段类型	备注
归属销售	成员	默认为订单销售人员
客户	1对1关联	应收对应的客户
对应发票	1对1关联	应收对应的发票信息
应收金额	金额	应收总金额
已收金额	汇总	汇总收款记录中的金额
剩余应收	公式	实际应收金额，应收金额 – 已收金额
备注	文本	其他相关信息备忘

图 7-23 应收工作表

4. 应付

根据采购发票生成应付项。应付工作表记录企业对供应商的欠款。应付工作表的效果如图 7-24 所示，其基础字段如表 7-33 所示。

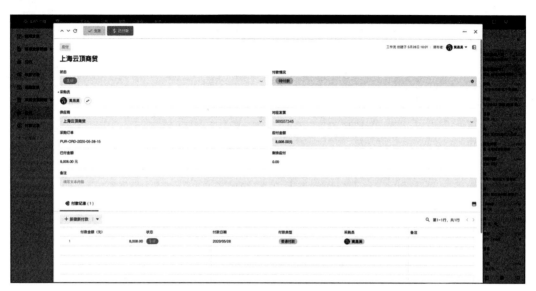

图 7-24 应付工作表

表 7-33 应付工作表基础字段

字段名称	字段类型	备注
状态	下拉框	标识应付状态
采购订单	1 对 1 关联	应付工作表所属的采购订单工作表
采购员	成员	默认为订单采购员
供应商	1 对 1 关联	应付对应的付款对象
对应发票	1 对 1 关联	应付对应的进项发票
应付金额	金额	应付总金额
付款记录	1 对多关联	对应的付款信息
已付金额	汇总	汇总付款记录中的金额
剩余应付	公式	应收金额 – 已收金额
备注	文本	其他相关信息备忘

7.2 运用工作流

当我们定义完数据对象之后，可以借助工作流自动进行数据处理，以实现系统的自动化。经过需求处理后，ERP 应用一般需要的工作流如表 7-34 所示。

表 7-34　ERP 应用工作流

模块	触发表	名称	触发条件	介绍
库存模块	出库单	出库核算	自定义动作	出库前核算库存量是否满足出库数量
		确认出库	自定义动作	当物料确认出库后，在系统内执行出库动作
	入库单	确认入库	自定义动作	当物料确认入库后，在系统内执行入库动作
销售模块	报价单	创建订单	自定义动作	依据已生效报价单，一键创建销售订单
		自动失效	时间触发	当报价单时间到达截止日期，自动将单据状态改为失效
	销售订单	订单开票	自定义动作	当订单生效后，依据未开票内容，一键创建销项发票
		订单发货	自定义动作	当订单生效后，依据未发货内容，一键创建发货单
	订单明细	退货申请	自定义动作	在生效的订单上，点击按钮发起退货申请
	发货单	确认收货	自定义动作	当收到货物后，在系统内手动确认收货
采购模块	供应商报价	创建采购申请	自定义动作	当供应商报价生效后，根据报价内容一键创建采购申请
		创建采购订单	自定义动作	当供应商报价生效后，根据报价内容一键创建采购订单
		自动失效	时间触发	当报价单时间到达截止日期时，自动将单据状态改为失效
	采购申请	已采购	自定义动作	当采购申请被执行后，在系统内标记已采购
	采购订单	采购到货	自定义动作	当生效的采购订单到货后，在系统内点击，一键创建采购到货单
		发票申请	自定义动作	在生效的采购订单上点击发票申请按钮，一键生成采购发票
	采购明细	退货申请	自定义动作	在生效的采购订单上发起采购退货申请
账务模块	销项发票	开票申请	自定义动作	创建发票草稿后，发起开票申请
		申请通过	自定义动作	开票申请审批通过
		申请退回	自定义动作	将发起的开票申请退回
		申请驳回	自定义动作	将开票申请驳回
		开票	自定义动作	当开票申请通过后，财务完成开票，在系统内确认
	采购发票	收票	自定义动作	线下实际收到发票后，在系统内确认收票
	应收	确认收款	自定义动作	一键完成收款动作，自动创建收款流水
	应付	确认付款	自定义动作	一键完成付款动作，自动创建付款流水

下面看一个工作流创建示例。

我们从表 7-34 所示工作流中选择一个进行示范，我们选择报价单到期后自动失效。

1）**创建工作流**。根据场景需求，我们知道工作流是否触发和报价单的失效日期有关系，和其他字段内容无关。因此工作流是一个按日期字段触发的流程。进入工作流模块，点击"＋新建工作流"，选择按日期字段触发即可，如图 7-25 所示。

第 7 章　实践：怎样搭建一个 ERP 应用　❖　169

图 7-25　创建工作流

2）**配置触发节点**。我们的需求是过了有效期后报价单自动失效，故工作表应选择报价表，触发的字段选择"有效期"，且设置在有效期后的第 2 天的 0 点工作表再失效。触发节点配置如图 7-26 所示。

图 7-26　触发节点配置

3）**添加功能节点并配置**。流程触发后，若需要将报价单状态自动变为失效，则只能通过更新记录节点来完成，即添加"更新记录"节点，配置如图7-27所示。更新的记录对象选择第一个节点，即那条到期的报价记录。更新字段选择"状态"，将"状态"字段的值设置为"失效"。

图 7-27　更新节点配置

4）**发布流程**。

7.3　设计统计看板

在7.1节中我们确定了数据结构并通过工作表定义了数据对象，但是创建应用时涉及的数据明细繁多，管理者不可能依靠明细数据来了解业务面貌。为了解决这一问题，我们通过自定义页面来进行数据统计，并创建一些快捷入口。

在明道云内，统计看板可以用"自定义页面"制作。应用管理员可通过效仿添加"工作表"的方式来添加"自定义页面"。在"自定义页面"上，分别提供了统计图、按钮、富文本、URL嵌入等控件。管理员用户可以自主编辑，添加想要的内容，然后设置个性化的报表内容。

在ERP应用中，可以根据功能和职能将看板分为5个（这里仅作为参考）。

1. 数据总览（管理层）

在数据总览中，我们可站在公司全局的角度，如年度的订单统计、预计财务的收支情况等，查询各项数据的趋势走向等，如图 7-28 所示。

图 7-28　数据总览统计图

下面看一个数据总览看板的创建示例。

1）**创建自定义页面**。与创建工作表一样，应用管理员可以直接创建"自定义页面"，如图 7-29 所示。页面可以命名为"数据总览"。

2）**编辑自定义页面内容**。在页面的左侧选择需要添加的组件。我们选择添加统计组件，用其来统计每个月的订单金额，如图 7-30 所示。

3）**配置统计图**。按照图 7-31 所示，配置一个销售订单统计，X 轴为订单日期，Y 轴为订单金额总计。

4）继续添加多个统计组件，最终组合成为一个自定义统计看板页面。

图 7-29 创建自定义页面

图 7-30 添加组件

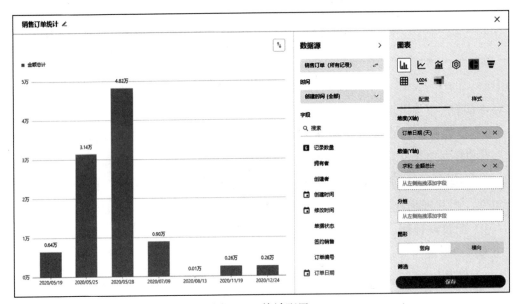

图 7-31 统计配置

2. 库存看板

在库存看板下，我们统计了待办事项并且放置了按钮入口，这可帮助使用者快速定位任务情况。为便于操作，我们还做了一些库存方面的全局统计，如图7-32所示。

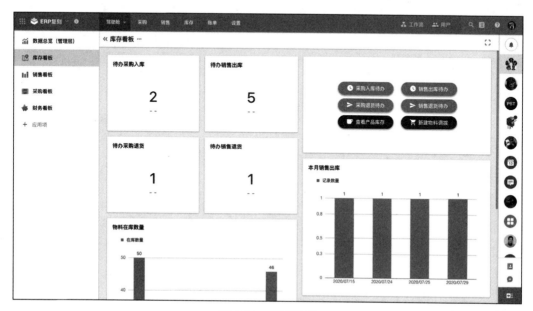

图 7-32　库存看板

3. 销售看板

销售看板是一个围绕销售人员设计的工作台，包括待办事项、快速入口、未来销售趋势统计等功能，销售人员通过销售看板可以更好地把握自己的销售节奏，如图7-33所示。

4. 采购看板

采购看板是一个围绕采购人员设计的工作台，为采购人员提供采购数据统计、采购待办及快速入口等功能，如图7-34所示。

5. 财务看板

在财务看板中，我们更多关注应收和应付，以及现金流水记录和趋势预测。财务看板提供了一些快速入口，快速开票及收付款记账功能，如图7-35所示。

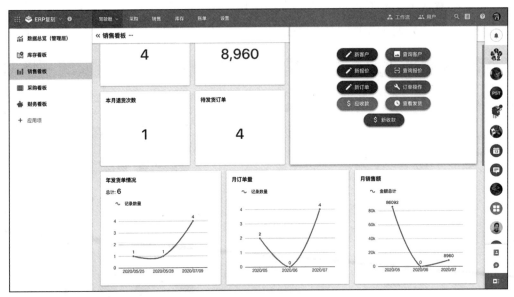

图 7-33 销售看板

图 7-34 采购看板

第 7 章 实践：怎样搭建一个 ERP 应用

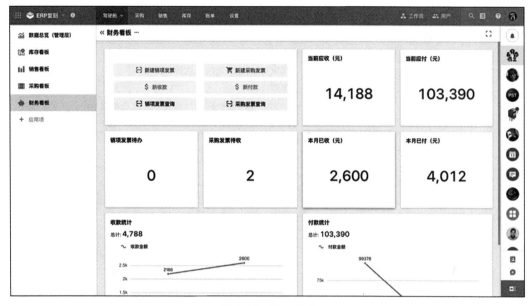

图 7-35 财务看板

7.4 设置用户和权限

数据权限是企业信息化管理中必不可少的一部分，用户权限主要分为增、删、查、改四部分。明道云结合用户和视图来实现数据展示和权限功能。

7.4.1 视图配置

视图主要通过某种默认的筛选条件和排序来展示数据，以帮助用户更方便地查看目标数据。下面介绍一个 ERP 的常用视图，如表 7-35 所示。

表 7-35 常用视图表

模块	管理实体	视图名称	简介
库存模块	物料	生效	当前有效的物料
		失效	已失效的物料，其他模块无法选择
		可采购	可采购的物料，可被采购模块选择
		可销售	可销售的物料，可被销售模块选择
		库存产品	可在库存模块选择物料
		全部	所有物料

（续）

模块	管理实体	视图名称	简介
库存模块	仓库	有效	当前有效的仓库
		失效	一些报废的仓库，无法再选择
		全部	所有仓库
	产品库存	看板	以仓库为维度的看板视图，可更方便地查看对应仓库的产品库存
		全部	所有产品的库存
	入库单	草稿	入库单草稿
		待入库	等待仓管员确认入库的单
		已入库	已经入库处理的单
	出库单	草稿	出库单草稿
		待出库	等待仓管员确认出库的单
		已出库	已经出库处理的单
	调拨单	草稿	调拨单草稿
		有效	调拨有效的单
		全部	所有调拨单
采购模块	供应商	有效	有效供应商，可被对应模块选择
		失效	已失效供应商，无法被对应模块选择
		全部	所有供应商
	供应商报价	草稿	供应商报价单草稿
		有效	已生效的供应商报价单，当前可用
		作废	已作废的供应商报价单，无法使用
	采购申请	全部	所有供应商的报价
	采购申请	草稿	采购申请单草稿
		有效	已生效的采购申请单，当前有效
		作废	已作废的采购申请单，已失效
		全部	所有采购申请单
	采购订单	草稿	采购订单草稿
		生效	已生效的采购订单
		作废	已作废的采购订单
		已关闭	已闭环的采购订单，只可查询
		全部	所有的采购订单
	采购到货单	草稿	采购到货单草稿，待生效
		有效	已生效的采购到货单
		待入库	已经生效的采购到货单，通过仓库工作表反馈入库情况进行区分
		已入库	已经生效的采购到货单，通过仓库工作表反馈的入库情况进行区分
		全部	所有的采购到货单
	采购退货	草稿	采购退货单草稿
		生效	已生效的采购退货单
		全部	所有的采购退货单

（续）

模块	管理实体	视图名称	简介
销售模块	客户	公司	公司类别的客户
		个人	个人类别的客户
		本季度活跃	用于筛选本季度活跃的客户，即产生报价和订单交易的客户
		全部	所有客户
	报价	草稿	报价单草稿
		生效	已生效的报价单
		作废/过期	已作废或者已过期的失效报价单
		全部	所有报价
	销售订单	草稿	销售订单草稿
		生效	已生效的销售订单
		作废	已作废的销售订单
		已关闭	已经闭环的销售订单，只可查询
		全部	所有的销售订单
	发货单	草稿	发货单草稿
		有效	已生效的发货单
		作废	已作废的发货单
		待发货	发货单已生效，等待仓库发货
		待收货	仓库已发货，销售人员未确认客户收货
		已收货	销售人员已确认客户收货，形成发货单闭环
	销售退货	草稿	草稿销售退货单
		生效	已生效的销售退货单
		全部	所有的销售退货单
账务模块	销项发票	草稿	销项发票申请单草稿
		申请中	由员工发起的开票申请，待审核
		待开票	审批通过的开票申请，等待财务人员开票
		生效	开票完成，发票已生效
		驳回	被驳回的开票申请
		全部	所有的销项发票申请
	进项发票	草稿	进项发票申请单草稿
		待开票	等待供应商开票
		已收票	已收到的供应商开票
		全部	所有进项发票申请
	应收	草稿	应收单草稿
		生效	已生效的应收账款，一般销售订单已生效
		全部	所有应收

（续）

模块	管理实体	视图名称	简介
账务模块	应付	草稿	应付申请草稿
		生效	已生效的应付账款，一般为采购订单已生效
		全部	所有应付
	收款记录	草稿	收款记录草稿
		生效	一般为实际已经到账的收款记录
		作废	已作废的错误数据或是已退款记录
		本月收款	本月的收款记录
		全部	所有收款记录
	付款记录	草稿	付款记录草稿
		生效	一般为实际已经付款的付款记录
		作废	已作废的错误数据或是已退款记录
		本月付款	本月的付款记录
		全部	所有付款记录

下面看一个创建视图的示例。

在采购发票工作表中，我们常需要根据开票的状态，分类查看发票数据，例如只查看待开票的采购单或只查看已收票的采购单，如图 7-36 所示。

图 7-36 采购发票工作表中的视图

我们以创建一个"待开票"的视图为例介绍相关操作。

1）**创建视图**。在采购发票工作表中，点击工作表名称下的"+"按钮，新增一个视图，选择对应的类型为"表格"，如图 7-37 所示。

第 7 章　实践：怎样搭建一个 ERP 应用　◆　179

图 7-37　新建视图

2）**配置视图**。将视图名称修改为"待开票"，如图 7-38 所示。

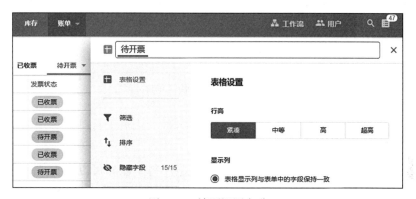

图 7-38　填写视图名称

3）**配置筛选条件**。在这个视图下只需要查看状态为未开票的记录，所以筛选条件是"'发票状态'为'待开票'"，如图 7-39 所示。

图 7-39　筛选配置

4）**配置默认排序**。我们在查看记录列表时往往期望列表中的各条记录有一个默认的排序方式，例如按名称、时间等进行排序。通过视图排序功能可以实现这个功能。如图 7-40 所示，设置代开票视图下的记录按"单据日期"排序，以后每次打开这个视图，都按这里所选的规则进行排序。

图 7-40　视图的默认排序

7.4.2　设置用户的角色权限

在明道云内，主要通过角色来控制各种权限。每个账号可以拥有一个或者多个不同的角色，同一角色可以添加任意数量的人。在 ERP 内，我们简单地以职能来区分角色，如表 7-36 所示。

表 7-36　常用职能角色表

角色	说明	主要使用
应用管理员	每个应用都需要至少对应 1 个人，比如进项应用的维护、调整，系统后台的日常运维工作	所有模块页面
管理层	可能包含老板、总经理、董事会成员等	所有模块页面
库存管理人员	主要涉及库存相关的人员，用于出入库、盘点等	库存模块、库存看板
销售人员	主要为销售团队成员，用于客户、销售订单录入维护等	销售模块、销售看板、库存模块（仅查询）
采购人员	主要为采购团队人员，用于供应商、采购订单录入维护等	采购模块、采购看板、库存模块（仅查询）
财务人员	主要为财务部人员，用于账单跟踪、收付款记账等	采购模块（仅查询）、销售模块（仅查询）、财务模块、财务看板、库存模块（仅查询）

下面看一个配置角色权限的示例。

从表 7-36 所示角色中选择"销售人员"这个角色，我们以这个角色为例来演示权限的配置方法。

1）**创建角色**。应用管理员通过右上角的"用户"选项进入角色配置界面，点击"添加角色"，并将角色命名为"销售人员"，如图 7-41 所示。

图 7-41　添加角色

2）**配置角色权限**。根据销售人员的角色需求可知，销售人员的权限局限于**销售订单工作表**，即所有订单工作表视图都可见，但只可见自己负责的记录，只能编辑自己拥有的记录。由于每个工作表的权限都不尽相同，因此需要选择"分发有选择的应用项"，然后找到销售订单工作表，在所有视图下勾选"查看记录"和"编辑记录"权限，如图 7-42 所示。

由于销售人员只能看到自己负责的记录，所以我们还需要进一步选择数据的操作范畴，如图 7-43 所示。

这样就完成了一个工作表的权限赋予，依此类推，按照角色需求进行角色权限的自定义。

图 7-42　销售订单的权限配置

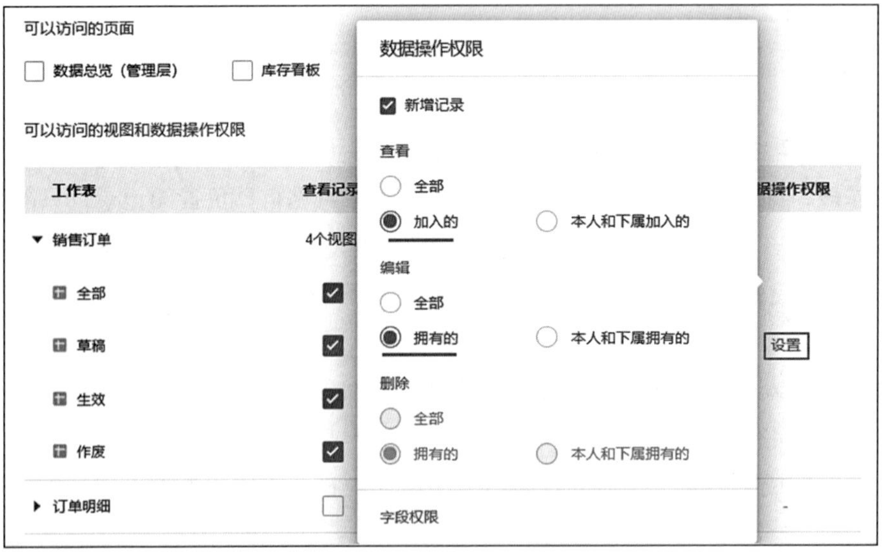

图 7-43　数据操作范畴选择

3）**在角色内添加人员**。权限设置好了以后，点击图 7-44 所示界面的右下角，可以按人员、部门、职位三个维度添加角色成员。添加后，相关人员就自动拥有了该角色的权限。

图 7-44　角色人员添加

7.5　使用环节

本节主要介绍如何使用 ERP 应用，包含成员加入、数据导入和功能培训等多个方面。

1. 成员加入

ERP 需要内部各成员一起使用，在正式启用前，第一步就是邀请组织成员加入，让每个使用者提前熟悉该应用。

2. 数据导入

如果你已经有了历史数据，利用 Excel 导入功能可以把数据导入 ERP 中。在导入的时候应注意：

1）需把你的表根据数据对象进行拆分，并设定好唯一编号（如果是自动编号则不用自己设定）。

2）在导入的时候要设定关联关系（比如，销售订单关联客户）。

3）可以利用工作流进一步处理数据（比如，通过销售订单的按钮批量生成出货单，再由出货单批量生成出库单）。

3. 功能培训

在企业内进行软件功能培训一直都比较困难，我们积累了几条成功经验，可帮助大家更容易在内部进行功能培训。

1）**找出和培养"明星使用者"**。这一类人天生对软件有兴趣，使用能力强，在企业内部大概会有10%的人属于此类。你可以挖掘出来，把他们作为重点软件推动对象，通过他们的影响力，带动周围人员使用。如果其他人有软件使用问题，也可以找他们解答。

2）**先小范围内推行**。软件的大范围使用需要时间，如果一下推广到整个企业，会因为个人能力差异、认知差异，导致企业人员步调不一致。比较好的办法是先在一个小范围内做试推广，然后再扩大范围。

3）**制作使用教程视频**。使用教程视频可以低成本地、重复地向展示软件使用方法，资料保留下来，还可以更好地为新人教学。

4. 反馈和优化

没有哪一款软件一开始就是好用的，软件都需要在使用中搜集各种问题，不断改进，只有这样才能得到适合企业的内部流程、外部变化的软件。因此，我们要给使用者一个反馈的渠道，并结合最新技术不断优化ERP。持续几个月后，你打造的ERP一定是最适合自己企业的。

第 8 章 Chapter 8

实践：怎样搭建一个 CRM 应用

客户关系管理（Customer Relationship Management，CRM）是一种管理企业现有及潜在客户之间关系和互动的系统。通过对客户数据的历史积累和分析，CRM 可以增进企业与客户之间的关系，从而最大化企业销售收入和提高客户留存率。

8.1　CRM 与零代码平台

CRM 按照管理的客户的类型可以分为 B2B 的 CRM 与 B2C 的 CRM 两种。市场上常见的是 B2B 的 CRM，即面向渠道或者企业机构的 CRM，这类 CRM 的服务对象并非直接购买企业产品或服务的消费者。在这个领域，最知名的品牌有 Salesforce、SAP、Microsoft Dynamic CRM。

按照部署模式，CRM 系统可分为本地 CRM 和云端 CRM 两种。随着云计算技术的发展，CRM 系统可以按功能拆分并分别部署在本地或者云端。

如果企业想拥有一套自己的 CRM，有几种选择，如表 8-1 所示。

表 8-1　企业获取 CRM 的几种方式

获得方式	价格	优点	缺点
企业内部自主研发	极高	几乎可以实现自己的所有需求	研发成本高，维护困难
购买一套云端 CRM	低	快速使用，价格低廉	功能不全，难以定制化修改

（续）

获得方式	价格	优点	缺点
购买一套本地 CRM	高	数据可以存在本地，有些开源 CRM 支持定制开发	更新困难，价格高
购买零代码平台，自己制作一套 CRM	中等	快速启用，功能可以灵活调整	需要学习搭建知识，对于 CRM 架构要有基本认识

零代码平台是一种新型的开发技术，可以让不懂代码的业务人员也能够快速搭建一套符合自己需求的 CRM。这种方式的核心好处包括：

❑ **功能定制化**。可以完成 90% 以上的个性化需求。

❑ **快速调整**。一个新功能在几个小时内甚至几十分钟内就可以实现。

❑ **数据容易打通**。各个模块的数据可以关联，更容易与其他系统无缝打通。

❑ **价格便宜**。价格是定制化 CRM 的十分之一甚至更低。

CRM 中最核心的模块包括销售跟进、订单管理、客户资料和基础设施。

❑ **销售跟进**：管理销售人员的跟进过程，将一个线索努力转化成订单。

❑ **订单管理**：管理客户购买的产品、订单和发票，复杂的 CRM 会增加发货模块。

❑ **基础设施**：包括管理统计图和权限管理，主要给管理人员使用。

❑ **客户资料**：所有模块都是围绕客户进行，客户和联系人会被不断沉淀。

以上就是 CRM 的基础知识，下面为大家介绍 CRM 的基本架构（见图 8-1）以及如何一步一步完成 CRM 的搭建。

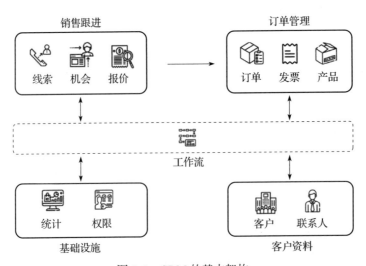

图 8-1 CRM 的基本架构

8.2 创建数据结构

任何管理系统在设计之初,都需要定义要管理的业务对象。在明道云中,管理对象是用工作表这个功能来承载的。下面介绍 CRM 中要管理的对象和字段都有哪些。

1. 联系人工作表

联系人是指客户工作表中的对接人,与之关系紧密的是客户公司,一个客户公司下有多个联系人。联系人工作表的示例如图 8-2 所示。

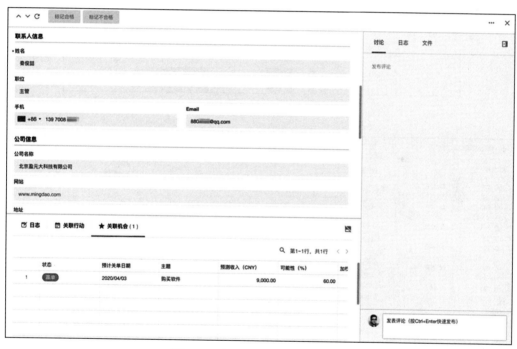

图 8-2　联系人工作表的基本示例

下面看一个创建工作表的示例。

我们通过联系人的数据结构演示工作表的设计方法,其余数据结构创建方法与此相同,故不再重复介绍。

1)**新建工作表入口**。点击图 8-3 所示界面左下角"＋应用项",选择"工作表",命名为"联系人"。

2)**编辑字段**。为工作表命名并保存后会自动进入字段编辑页面,一个页面默认显示 3 个字段，要想多显示一些字段，需要手动增加一些字段，可以从图 8-4 所示界面左侧拖动字段到右侧中间区域增加所需要的字段。

图 8-3 联系人工作表的创建入口

图 8-4 表单编辑

与联系人工作表相关的基础字段如表 8-2 所示。

表 8-2 与联系人工作表相关的基础字段

字段名称	字段类型	备注
状态	下拉框	标识此条记录的可用状态,通常用"活跃""非活跃"表示
姓名	文本	可以把姓名分成"姓""名"两个字段来管理
性别	单选	包括男、女、未知 3 个选项
职业	文本	职业名称,以个人名片为准
描述	文本	备注的内容
部门	文本	客户所在部门
座机	专有类型	客户的座机,也可以不启用
手机号	专有类型	用于联系客户
微信号	文本	用于加联系人微信
邮箱	专有类型	发送邮件,可用于工作流
图片	附件	一般是该联系人的头像
生日	日期	可用于寄送生日礼物
默认地址	文本	有的联系人存在多个地址时,可以创建一个地址表,用多条关联来管理
勿打手机	检查框	对于不希望被打手机的联系人,可勾选此项
勿发个人邮件	检查框	对于不希望收到个人邮件的联系人,可勾选此项
勿发批量邮件	检查框	对于不希望收到营销类的批量邮件的联系人,可勾选此项
仅用于营销	检查框	勾选后,只能给客户发营销信息(批量邮件、短信等)
联系人 ID	自动编号	唯一不重复的用户编号,通常是一串数字
联系人外部 ID	文本	来自其他系统的 ID,在写入和查询的时候会用到,例如微信 OpenID
所属公司	1 对 1 关联	客户归属的公司
关联线索	1 对多关联	与客户联系人有关的销售线索
关联机会	1 对多关联	与客户联系人有关的销售机会
关联订单	1 对多关联	与客户联系人有关的订单
关联报价	1 对多关联	向联系人的报的价格
拥有者	成员	该联系人工作表的所有者

2. 客户工作表

客户是与我方联络的企业对象,有的企业也将之命名为"公司""组织""机构""单位",本质都是多人组成的机构。客户工作表如图 8-5 所示,客户工作表的基础字段如表 8-3 所示。

3. 线索工作表

销售线索是一组可能对产品有兴趣的人或企业的信息(手机、姓名、公司、需求等),如图 8-6 所示。销售人员需要跟进以确定线索是否合格。合格后会生成机会、联系人和客户记录,若不合格则会被关闭。

图 8-5　客户工作表的示例图

表 8-3　客户工作表基础字段

字段名称	字段类型	备注
公司全称	文本	客户公司的全称（非简称）
公司简称	文本	客户公司的简称
状态	下拉框	标识此条记录的可用状态
关系类型	下拉框	记录公司的关系类型，可自定义，例如客户、业务伙伴、供应商、代理商
公司介绍	文本	有关该公司的简介
所在行业	下拉框	可以使用国民经济行业分类或者内部自定义
默认地址	文本	默认的办公地址，用于邮寄物品或拜访。如果客户存在多个地址，应该创建地址工作表
在职人数	数值	描述该公司的在职人数
网址	文本	该公司的官方网站
图片	附件	该公司的形象图片
规模	单选	客户公司的人数
市值	金额	记录该公司市值，用来区分客户重要程度
拥有者	成员	该客户工作表的内部所有者（通常是销售人员）

（续）

字段名称	字段类型	备注
客户 ID	自动编号	唯一不重复的客户编号，通常是一串数字
客户外部 ID	文本	来自其他系统的 ID，在写入和查询的时候会用到，例如其他 ERP 中的 ID
所在省/城市	层级控件	使用自带地区控件即可，如果需求更复杂，可以维护一个数据源工作表
主要联系人	1 对 1 关联	客户方的主要联系人，客户公司需要指定一个联系人
联系人	1 对多关联	关联联系人工作表
关联线索	1 对多关联	含义同上
关联机会	1 对多关联	含义同上
关联订单	1 对多关联	含义同上
关联报价	1 对多关联	含义同上
关联发票	1 对多关联	含义同上
勿发批量短信	检查框	勾选此项后，不可以向客户方的联系人发送短信
仅用于营销	检查框	勾选此项后，只能给客户方的联系人发营销信息（批量邮件、短信等），不可以私人联络

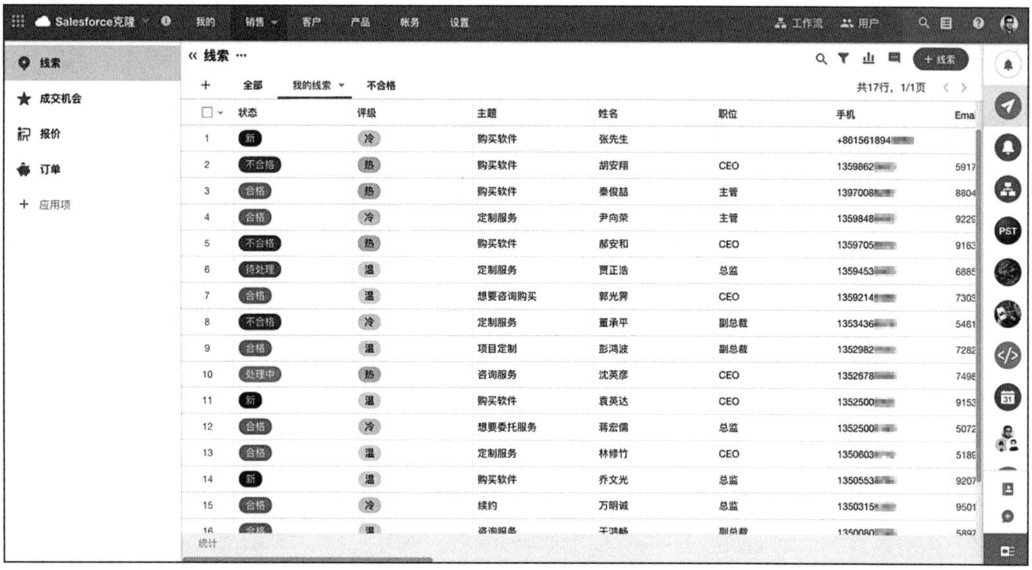

图 8-6 线索工作表的示例图

线索的字段有多少，取决于公司需要，有的要求记录详细，有的甚至只要手机号。表 8-4 所示是 B2B 销售线索工作表常用的一些字段。

表 8-4 B2B 销售线索工作表常用的字段

字段名称	字段类型	字段值	备注
销售阶段	下拉框	未联络、已沟通需求、已发资料、关闭	由内部定义
线索状态	下拉框	可跟进、合格、不合格	标识线索是什么状态
状态原因	下拉框	新线索、已联系、合格、跟丢、无法联络、不再感兴趣、取消跟进	描述设置当前线索状态的原因
线索主题	文本	—	描述该线索的主题,如"申请试用"
需求	文本	—	客户留下的需求
姓名	文本	—	客户的姓名
职位	文本	—	客户在公司的职位
手机号	专有类型	—	客户的手机号
邮件	专有类型	—	客户的邮件
公司名称	文本	—	客户所在公司的全称或简称
网址	文本	—	客户所在公司的网站
地址	文本	—	客户所在公司的办公地址
所在行业	下拉框	—	可以使用国民经济行业分类或者内部自定义
线索打分	等级	—	标注线索的等级,也可以用数据代替(满分100分)
决策者?	检查框	勾选、未勾选	勾选后,代表线索的联系人是决策者,值得重点跟进
勿打手机	检查框	勾选、未勾选	对于不希望被打手机的客户,可勾选此项
勿发个人邮件	检查框	勾选、未勾选	对于不希望收到个人邮件的客户,可勾选此项
勿发批量邮件	检查框	勾选、未勾选	不希望收到营销类的批量邮件的客户,可勾选此项
关联机会	1对1关联	—	当线索合格后,需要生成销售机会,并建立关联
关联联系人	1对1关联	—	—
关联客户	1对1关联	—	—
线索ID	自动编号	—	—
拥有者	成员	—	—

4. 成交机会工作表

成交机会距离成交比线索距离成交更进一步,每一个成交机会都代表有机会成交。有了机会，就可以预测收入、成交日期和成交概率，如图 8-7 所示。成交机会必须和客户公司、联系人关联。只要遵循销售流程，销售人员就有机会把线索转化为成交机会，最终推动客户签单。成交机会工作表常用的字段如表 8-5 所示。

图 8-7 成交机会工作表的示例图

表 8-5 成交机会工作表中常用的字段

字段名称	字段类型	字段值	备注
实际关闭日期	日期	—	标注机会关闭或取消的日期
实际成交金额	金额	—	实际成交的金额数据，可以和预计成交做对比，制作统计图
预算	金额	—	指客户购买产品的预算
预算状况	下拉框	没有承诺预算、可能会购买、可以购买、将会购买	描述预算的状态
成交概率	数值	0～100	描述签单的可能性，可以统计预测签单金额
目前状况	文本	—	备忘目前这个机会
机会主题	文本	—	描述该机会的主题，例如：网站建设
客户需求	文本	—	输入客户需求，帮助销售团队确定哪些产品适合
客户痛点	文本	—	描述客户痛点，帮助销售团队确定哪些产品能解决客户问题
决策者？	单选框	勾选、未勾选	确认该机会的联系人是否为决策者
描述	文本	—	对机会的额外描述，例如客户以前购买过哪些类似的产品
预计关闭日期	日期	—	描述该机会预计何时关闭，帮助进行收入预测

（续）

字段名称	字段类型	字段值	备注
预计成交概率	数字	—	与预计成交额、预计成交日期结合，可以制作统计图
销售阶段	下拉框	未联络、已沟通需求、已发资料、关闭	可由内部定义
需求匹配	单选框	勾选、未勾选	该线索的需求和产品是否匹配，如果匹配则勾选
需求程度	下拉框	必须要有、应该要有、有了较好、没必要	描述客户的需求水平
机会评级	下拉框	热、温、冷	根据客户状态或成交概率、成交额来选择该机会的等级
线索状态	下拉框	—	标注线索是什么状态，一般只有3个选项：可跟进、合格或不合格。当选择合格或不合格时，线索不可以被编辑
最后决策日期	日期	—	输入客户做决定的最后日期
竞争对手识别	检查框	勾选、未勾选	—
识别机会联系人	检查框	勾选、未勾选	是否已识别该机会的联系人
上次联络日期	日期	—	输入上次联络的时间
采购流程	下拉框	个人决策、集体决策、未知	—
何时采购	下拉框	随时、本月、本季度、下个季度、今年、未知	在客户填写表单时确定
何时关闭机会	下拉框	随时、本月、本季度、下个季度、今年、未知	—
下次跟进时间	日期	—	输入下次跟进客户的时间
销售阶段	下拉框	合格、开发、提案、关闭	选择所处销售阶段
机会状态	下拉框	开放、赢、输	标注机会当前所处状态
状态原因	下拉框	处理中、暂停中、已赢单、已取消、产品售罄	描述处于当前机会状态的原因
姓名	文本	—	机会所涉客户姓名
职位	文本	—	机会所涉客户的职位
手机号	专有类型	—	机会所涉客户的手机号
邮件	专有类型	—	机会所涉客户的邮箱
公司名称	文本	—	机会所涉公司
网址	文本	—	机会所涉公司的官网
地址	文本	—	机会所涉公司的地址
预计成交金额	金额	—	与预计成交额概率、预计成交日期结合可以制作统计图

（续）

字段名称	字段类型	字段值	备注
预计成交日期	日期	—	输入预计成交的日期，可以用于预测成交额
需求匹配	单选	—	该线索的需求和你的产品是否匹配，如果匹配则勾选
所在行业	下拉框	—	可以使用国民经济行业分类或者内部自定义
勿打手机	检查框	勾选、未勾选	对于不希望被打手机的客户，可勾选此项
勿发个人邮件	检查框	勾选、未勾选	对于不希望收到个人邮件的客户，可勾选此项
勿发批量邮件	检查框	勾选、未勾选	对于不希望批量收到营销类邮件的客户，可勾选此项
关联线索	1对1关联	—	当线索合格后，需要生成销售机会
关联报价	1对多关联	—	关联报价工作表
关联联系人	1对1关联	—	如果联系人再次产生线索，可以把两者关联
关联客户	1对1关联	—	来自此客户的所有线索，都可以做关联
关联价格表	1对1关联	—	选择与此机会对应的价格表，在制作报价时使用
机会ID	自动编号	—	作为该机会的唯一识别编号
拥有者	成员	—	该成交机会工作表的拥有者

5. 报价工作表

按照价目工作表提供的产品和价格，制作成报价工作表并发给潜在客户。报价工作表的示例如图8-8所示，报价工作表中常用字段如表8-6所示。

图8-8 报价工作表的示例图

表 8-6 报价工作表中常用的字段

字段名称	字段类型	备注
状态	下拉框	—
状态原因	下拉框	—
报价名称	文本	描述此报价的名称
有效开始	日期	描述此报价何时开始起效
有效截止	日期	描述此报价何时到期
关闭时间	日期	描述此报价何时关闭
折扣金额	金额	手动输入折扣金额
折扣率	数值	折扣率,如 40% 代表 4 折
折扣总计	汇总	计算一共折扣了多少钱,小计 * 折扣率 + 折扣金额
价目表	1 对 1 关联	描述与哪个价目工作表关联
金额总计	公式	此报价的金额总计,小计 – 折扣总计
付款方式	文本	选择客户如何付款,也可以使用下拉框提供相关选项
付款期限	数值	签单后多少天内付款
备注	文本	—
客户	1 对 1 关联	—
联系人	1 对 1 关联	—
关联机会	1 对 1 关联	来自哪一条机会
报价明细	1 对多关联	描述报价单的明细内容
报价 ID	自动编号	—
拥有者	成员	此报价工作表的拥有者

报价明细工作表属于报价工作表的子表,两者是多对 1 的关系,即一个报价工作表可以包含多个报价明细工作表,如图 8-9 所示。在明道云中,可以在报价工作表中增加报价明细工作表。

表 8-7 所示为报价明细工作表常用的字段,用户也可以根据需要增加或减少相关字段。

表 8-7 报价明细工作表中常用的字段

字段名称	字段类型	备注
价目表	1 对 1 关联	—
关联产品	1 对 1 关联	—
产品名称	文本	关联产品的名称
产品描述	文本	对关联产品的描述

（续）

字段名称	字段类型	备注
折扣金额	金额	手动输入折扣金额
折扣率	数值	折扣率，如40%代表4折
购买数量	数值	客户一共购买了多少
单位	文本	关联产品的销售单位
定价	金额	关联产品定价
小计	公式	明细工作表中的总额，购买数量 * 定价 * 折扣率 – 折扣金额
备注	文本	—
报价	1对1关联	描述此报价明细属于哪一个报价
报价明细ID	自动编号	—
拥有者	成员	此报价明细工作表的拥有者

图 8-9　报价明细工作表的示例

6. 订单工作表

订单工作表用来记录客户、联系人及其所买的产品、购买数量、购买单价，这也是销售部门最重要的输出成果，订单工作表的样式如图8-10所示，订单工作表中常用字段如表 8-8 所示。

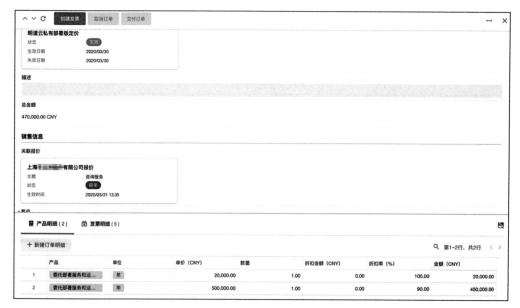

图 8-10　订单工作表的示例图

表 8-8　订单工作表中常用的字段

字段名称	字段类型	备注
状态	下拉框	订单的状态，如有效、已提交、已取消、已交付、已开发票
状态原因	下拉框	描述订单处于当前状态的原因，如新的、处理中、已完成、部分完成、已开票、暂停
订单名称	文本	描述此报价的名称
折扣金额	金额	手动输入折扣金额
折扣率	数值	如 40% 代表 4 折
折扣总计	汇总	计算一共折扣了多少钱，小计 * 折扣率 + 折扣金额
价目表	1 对 1 关联	与哪个价目工作表关联
金额总计	公式	此报价的金额总计，小计 – 折扣总计
付款方式	文本	选择客户如何付款，也可以使用下拉框
付款期限	数值	签单后的多少天内付款
地址	文本	客户公司地址
备注	文本	—
客户	1 对 1 关联	—

（续）

字段名称	字段类型	备注
联系人	1对1关联	—
关联机会	1对1关联	来自哪一条机会
关联报价	1对1关联	—
订单明细	1对多关联	关联订单明细工作表，见表8-9
订单ID	自动编号	—
拥有者	成员	此报价工作表的拥有者

订单明细工作表记录了具体购买的产品、折扣等。订单明细工作表常用字段如表8-9所示。

表8-9 订单明细工作表中常用的字段

字段名称	字段类型	备注
价目表	1对1关联	—
关联产品	1对1关联	—
产品名称	文本	产品的名称
产品描述	文本	对此产品的描述
折扣金额	金额	手动输入折扣金额
折扣率	数值	折扣率，如40%，代表4折
购买数量	数值	客户一共购买了多少
单位	文本	此产品的销售单位
定价	金额	产品定价
小计	公式	购买数量 * 定价 * 折扣率 – 折扣金额
备注	文本	—
订单	1对1关联	描述此订单明细属于哪一个报价
订单明细ID	自动编号	—
拥有者	成员	此订单明细工作表的拥有者

7. 产品工作表

与产品工作表相关的字段如表8-10所示，产品工作表在报价、订单环节会被经常用到。

表 8-10 产品表中常用的字段

字段名称	字段类型	备注
名称	文本	输入产品的名称
出售单位	文本	例如：一箱、一套
状态	下拉框	—
有效时间	日期	—
失效时间	日期	—
备注	文本	—
所属系列	本表关联	如果此产品属于某个系列，可以关联起来
产品 ID	自动编号	—
拥有者	成员	此产品工作表的拥有者

8. 价目工作表

价目工作表就像一张菜单一样，如图 8-11 所示，一个价目工作表下会有很多产品工作表和价格明细工作表。价目工作表常用字段如表 8-11 所示。

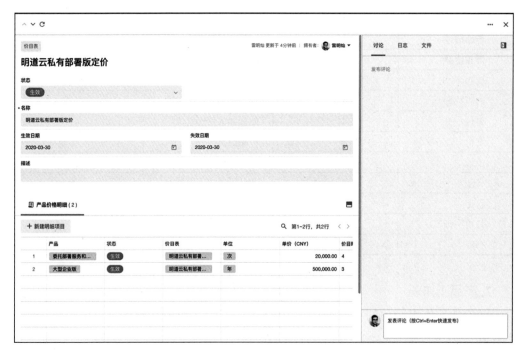

图 8-11　价目工作表的示例图

表 8-11 价目工作表中常用的字段

字段名称	字段类型	备注
名称	文本	输入价目工作表的名称
状态	下拉框	—
有效时间	日期	—
失效时间	日期	—
备注	文本	—
价目表 ID	自动编号	—
拥有者	成员	此价目工作表的拥有者

价目明细工作表用于对产品的具体定价进行详细描述,核心是产品、出售单位、订单 3 个字段,具体如表 8-12 所示。

表 8-12 价目明细工作表中常用的字段

字段名称	字段类型	备注
名称	文本	—
状态	下拉框	—
有效时间	日期	—
失效时间	日期	—
所属产品	1 对 1 关联	—
出售单位	文本	例如:一箱、一套
定价	金额	输入关联的产品的定价
描述	文本	—
价目表明细 ID	自动编号	—
拥有者	成员	关联的产品的拥有者

9. 发票工作表

发票工作表来自订单工作表,用于描述交付的产品、金额、税率等,如图 8-12 所示。发票工作表中常用的字段如表 8-13 所示。

发票明细工作表是对发票的详细描述,其常用字段如表 8-14 所示。

图 8-12 发票工作表的示例

表 8-13 发票工作表中常用的字段

字段名称	字段类型	备注
状态	下拉框	常用选项有生效、已付、已取消
状态原因	下拉框	常用选项有新、已记账、部分、全部、已取消
名称	文本	—
价目表	1 对 1 关联	—
金额总计	金额	—
订单	1 对 1 关联	—
客户	1 对 1 关联	—
描述	文本	—
付款日期	日期	—
发票 ID	自动编号	—
拥有者	成员	此发票工作表的拥有者

表 8-14　发票明细工作表常用的字段

字段名称	字段类型	备注
所属发票	1 对 1 关联	—
关联产品	1 对 1 关联	—
产品名称	文本	关联的产品的名称
产品描述	文本	对关联的产品的描述
折扣金额	金额	手动输入折扣金额
折扣率	数值	如 40% 代表 4 折
购买数量	数值	客户一共购买了多少
单位	文本	关联的产品的销售单位
定价	金额	关联的产品的定价
小计	公式	购买数量 * 定价 * 折扣率 – 折扣金额
备注	文本	—
发票明细 ID	自动编号	—
拥有者	成员	此发票明细工作表的拥有者

8.3　运用工作流

为了让构建的应用具有更高的自动化水平，我们可以借助工作流功能自动进行数据处理。在 CRM 中，常见的几个工作流如表 8-15 所示。

表 8-15　CRM 中常用的工作流

名称	触发工作表	触发条件	介绍
标记合格	线索	自定义动作	当线索合格的时候，点击合格按钮，线索会自动转为机会
标记不合格	线索	自定义动作	当不合格时，点击后会关闭此线索
标记赢单	机会	自定义动作	当机会签单时，点击此按钮
标记输单	机会	自定义动作	当机会输单时，点击此按钮
创建订单	报价	自定义动作	客户同意了报价，可以创建订单
关闭报价	报价	自定义动作	当某原因导致报价关闭，点击此按钮
生效报价	报价	自定义动作	报价从草稿状态转为生效状态
取消订单	订单	自定义动作	取消订单会改变订单状态
交付订单	订单	自定义动作	当订单已交付（例如已发货），点击此按钮
创建发票	订单	自定义动作	为这个订单创建发票，并发给用户
确认发票	发票	自定义动作	确定此发票有效
标记发票已付	发票	自定义动作	确定与此发票关联的款项已收到
已发货提醒	销售出库	工作表事件	出库后通知订单联系人

下面我们看一个工作流创建的示例。

在表 8-15 所示的常用工作流中，我们选择 1 个有代表性的流程进行演示：点击"标记不合格"按钮后，自动将当前线索的状态改为"不合格"。

1. 创建按钮

由于工作流是按钮触发，所以我们要先在视图中添加一个按钮，操作如图 8-13 所示。

图 8-13　创建自定义按钮

2. 配置按钮

设置工作流的名称、点击条件和触发工作流的方式。如图 8-14 所示，将启用按钮的条件选择为"状态　不是　合格，不合格"，也就是说已经被标记为合格的或不合格的不能点击此按钮，设置完毕后保存。

3. 配置工作流

按钮保存后，会自动进入工作流的配置界面。因触发节点是按钮立即触发，所以无须再配置触发节点。

流程触发后，若想将状态改为不合格，那么只能通过更新记录节点实现。具体做法为：添加一个更新记录节点，更新的对象是与按钮触发对应的记录，更新的字段选择状态字段并将其设为不合格,将关闭日期字段设置为当前时间,如图 8-15 所示。

图 8-14　按钮配置

图 8-15　更新节点配置

8.4 设计统计看板

明道云支持创建多个统计看板,并可在统计看板中创建快捷入口和统计图。在 CRM 中,我们将统计看板分为经理看板和成员看板(有些平台称为销售看板)两种。

经理看板主要给销售经理、销售总监、总经理等管理层观看,主要展示销售整体趋势、金额等,可以帮助决策层判断如何调整销售策略。

成员看板给一线销售人员观看,主要包含一些快捷方式、自己的销售进展,可以帮助销售人员自检销售效率,进而帮其提升销售转化率。

8.4.1 成员看板

在明道云零代码平台中,成员看板包括快速开始、重点客户、线索来源分布、机会状态、收入预测几个模块。其他零代码平台与此大同小异。

1)**快速开始**:包括添加线索、添加机会、添加报价和添加订单 4 个按钮,如图 8-16 所示。

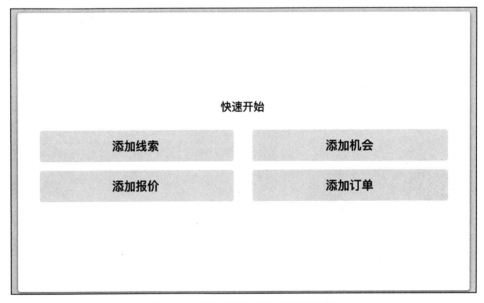

图 8-16　成员看板中的快速开始按钮

2)**重点客户**:将成交可能性较大的头部机会、客户等放到一个界面,以方便销售人员快速导航到重点工作,如图 8-17 所示。

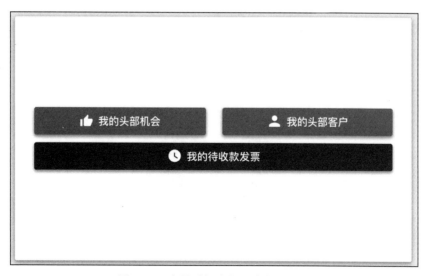

图 8-17　成员看板中的重点客户按钮

3）**线索来源分布**：统计线索的来源和途径，如图 8-18 所示。

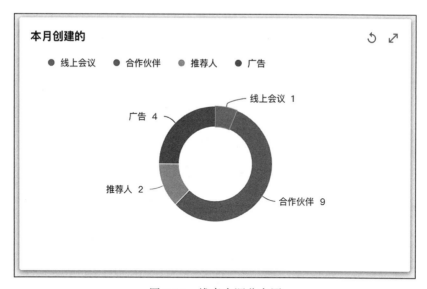

图 8-18　线索来源分布图

4）**机会状态**：机会状态描述了销售机会的跟进情况，如"进行中"代表还在跟进，"赢单"代表已经签下的客户，如图 8-19 所示。

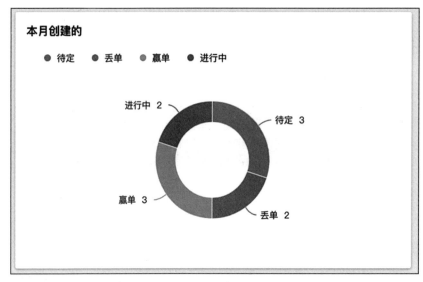

图 8-19　机会状态分布图

5）**收入预测**：收入预测中所涉数字是根据销售机会工作表中的预计成交额、预计成交概率、预计成交日期 3 个字段生成的，如图 8-20 所示。

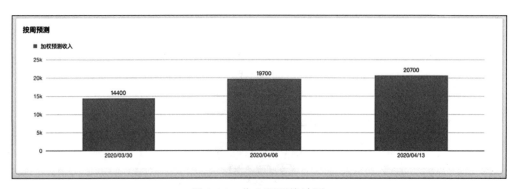

图 8-20　收入预测统计图

下面我们来看一个创建快捷按钮的示例。

我们在自定义页面中，创建一个快速添加线索记录的快捷按钮，这样销售人员无须进入线索工作表就可以进行相关操作了，比如在一个页面中向多个工作表添加记录。

1）**添加自定义页面**。在图 8-21 所示界面的左侧点击"＋应用项"按钮，然后选择"自定义页面"，并将其命名为"销售看板"。

图 8-21 创建自定义页面

2）**添加快捷按钮组件**。在图 8-22 所示界面左侧选择"按钮"组件，然后从右侧选择合适的按钮样式。

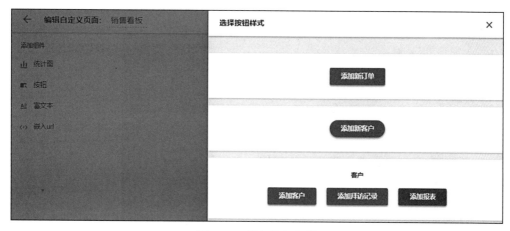

图 8-22 添加按钮组件

3）**配置快捷按钮**。在图 8-23 所示界面右侧的配置区设置按钮名称、点击后的操作（创建记录、打开视图、打开链接）和操作的对象（工作表）。

4）**更多设置**。一个卡片中可以添加多个按钮，也可以设置按钮的风格、宽度及每行最多显示数量，还可以设置排序方式，如图 8-24 所示。全部设置完成后点击图 8-23 所示界面右下角的"保存卡片"按钮即可。

图 8-23　快捷按钮配置

图 8-24　按钮风格设置

5）保存自定义页面即可查看设计效果。

其他统计看板配置方法与此类似，故不再重复介绍。

8.4.2　经理看板

在明道云零代码平台中，经理看板包括机会状态、预测收入、订单趋势、已付款和未付款发票数量几个模块。

1）**机会状态**：显示公司下所有机会状态，如图 8-25 所示。

2）**预测收入**：预测所有销售人员的预计签单金额，如图 8-26 所示。

3）**订单趋势**：观察过去 90 天订单额的趋势，如图 8-27 所示。

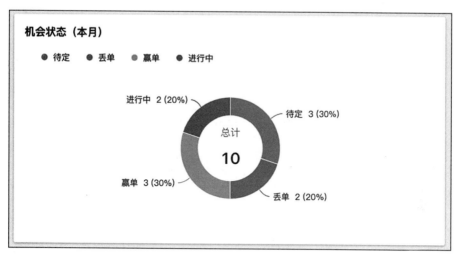

图 8-25　机会状态分布图

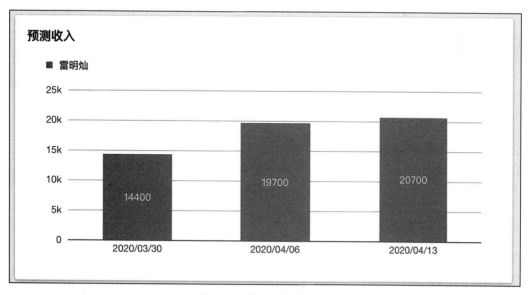

图 8-26　收入预测统计图

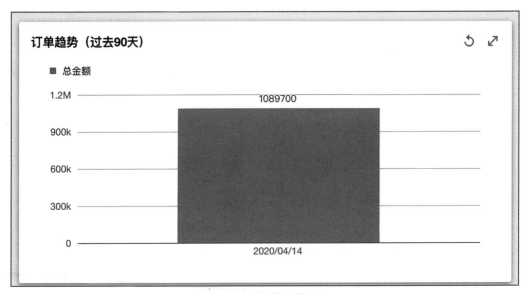

图 8-27　订单趋势图

4）已付款和未付款发票数量：本月已经收到多少钱，以及还有多少发票没有收到款，如图 8-28 所示。

图 8-28　已付款和未付款发票数量图

具体设计方法参见 8.4.1 节的示例，这里不再展开。

8.5　创建视图

我们整理出了 CRM 应用的常用视图，如表 8-16 所示。

表 8-16 销售 CRM 中常用的视图

管理实体/工作表	视图名称[一]	简介
线索	我的线索	当前操作者拥有的线索
	不合格	代表线索不合格，需要关闭
	全部	所有的线索
机会	我的机会	当前操作者拥有的机会
	我的头部机会	按照预测成交金额，从高到低进行排序
	全部	全部机会
报价	我的报价	仅仅展示自己的报价
	全部	所有报价
订单	我的订单	当前操作者拥有的订单
	全部	所有订单
产品	有效	仍然可以售卖的产品
	失效	已经不可出售的产品
	全部	全部产品
价目表	有效	生效中的价目表
	失效	已经不可用的价目表
	全部	全部价目表
发票	我的发票	当前操作者拥有的发票
	我的已支付发票	客户已经付款
	我的未支付发票	客户还未付款
	全部	全部发票
联系人	我的联系人	当前操作者拥有的联系人
	我的付费联系人	产生过订单的联系人
	全部	全部联系人
客户	我的客户	当前操作者拥有的客户
	我的付费客户	产生过订单的客户
	我的头部客户	按照成交金额从高到低进行排序
	全部	全部客户

下面我们来看一个创建视图的示例。

我们从表 8-16 所示的视图中选择一个视图（"我的线索"视图）进行演示，其他视图操作不再重复介绍。这里选择看板视图风格。

1）**创建新视图**。如图 8-29 所示，选择看板视图。

[一] 也可理解为筛选条件，即在这个视图下只显示满足条件的内容。此在线索工作表下的"不合格"视图页面中，只显示不合格线索。而看板、表格、日历、画廊、层级为 5 种视图风格。

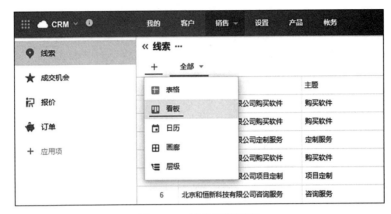

图 8-29　创建看板视图

2）**选择分组字段**。在看板视图中，记录是基于一个单选类型的字段分组显示的，在线索中，我们可以按照状态进行分组，如图 8-30 所示。

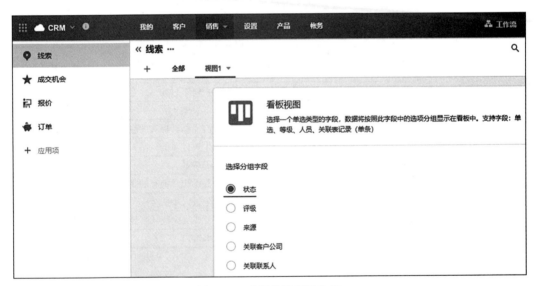

图 8-30　看板分组字段选择

3）**视图配置**。如图 8-31 所示，将视图名称设置为"我的线索"，在看板视图下每条记录都是以卡片方式显示的，卡片中除了标题字段外，还可以显示其他字段。按图所示进行设置后，在图 8-31 所示界面的左侧的记录卡片中，黑色加粗的是标题字段内容，在标题字段下面还额外显示了主题、姓名、职位和手机号 4 个字段。

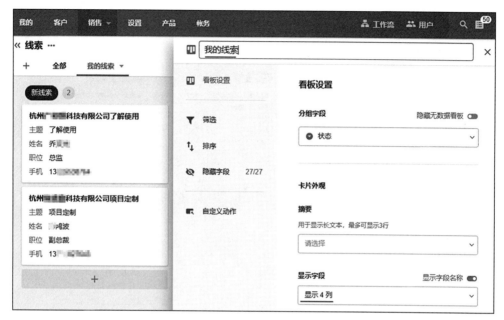

图 8-31　看板卡片设置

4）**数据筛选**。这里我们设置为仅显示自己负责的线索，此时筛选条件可以设置为"负责销售"字段是当前用户，如图 8-32 所示。

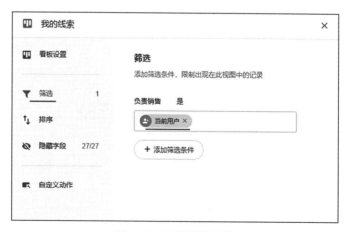

图 8-32　视图筛选配置

5）**保存视图并查看效果**。如图 8-33 所示，视图下的数据是按线索状态进行分组的，记录是以卡片的效果展示的。

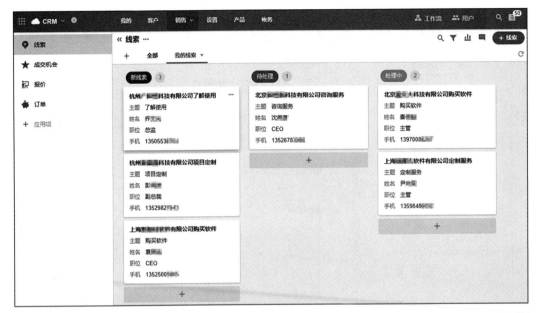

图 8-33　看板视图效果

8.6　设置用户和权限

在应用中，将操作权限配置在角色下，通过赋予用户不同的角色进行数据权限控制。在 CRM 中，我们需要设置表 8-17 所示几类权限，这样不同的销售人员会看到不同的数据。

表 8-17　销售 CRM 中常用的权限类型

角色	说明	主要使用
销售总体管理者	可能是老板、销售总监或其负责销售业绩的人	统计看板
销售团队管理者	管理具体销售团队的，一般是销售经理	统计看板、客户、联系人
一线销售人员	在一线进行销售工作的人员	线索、机会、报价、订单
财务人员	处理发票	订单、发票
商务人员	负责销售事务运营，比如订单审核	订单
售后人员	围绕订单进行客户售后服务	订单

下面我们来看一个配置角色权限的示例。

从表 8-17 所示的权限类型中，我们选择为一线销售人员配置相关角色权限。一线销售人员一般需要参与和线索、机会、报价、订单有关的全流程，他们需要看到产品的信息和销售看板。为了不重复介绍，我们只配置1个工作表和自定义页面的权限。

- **销售看板**：可见。
- **经理看板**：不可见。
- **线索表权限**：不能看"全部"视图，可看"我的线索"视图。在视图下可编辑、删除自己的线索。

1）自定义页面的权限配置如图 8-34 所示，在用户模块下，新建 1 个角色，并将其命名为"销售人员"，然后选择"分发有选择的应用项"，在可访问的页面中，勾选"销售看板"。这样销售人员就可以只看到销售看板的自定义页面了。

图 8-34　配置自定义页面

2）配置线索工作表权限。如图 8-35 所示，找到"线索"工作表，只在"我的线索"视图下勾选查看、编辑和删除权限。

由于在"我的线索"视图下已经做了筛选，在该视图下所有记录拥有者都有权限编辑和删除记录，所以在记录的操作范畴上选择"全部"或"拥有的"效果是一样的，这里我们选择"全部"即可，如图 8-36 所示。

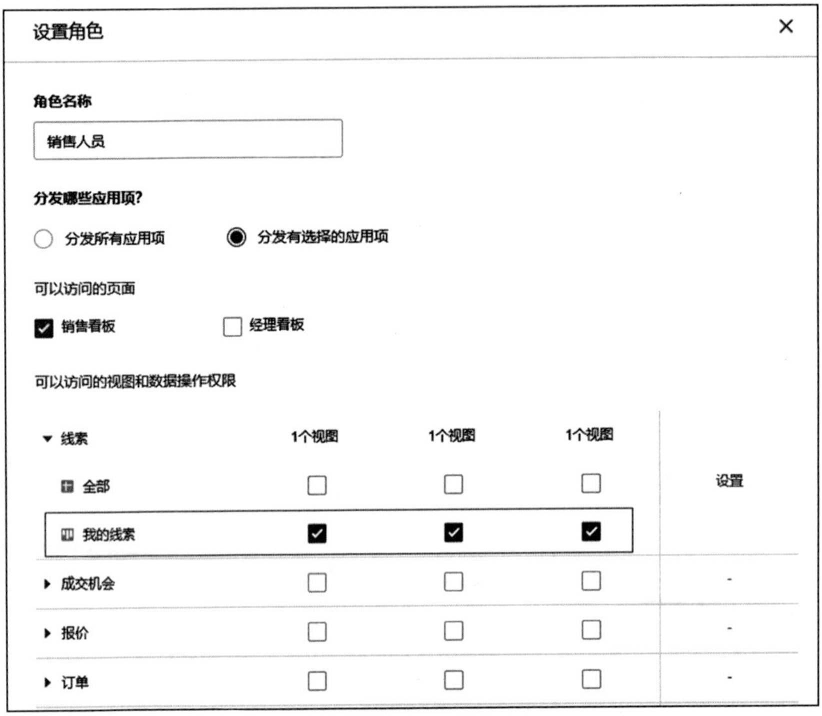

图 8-35　线索表权限配置

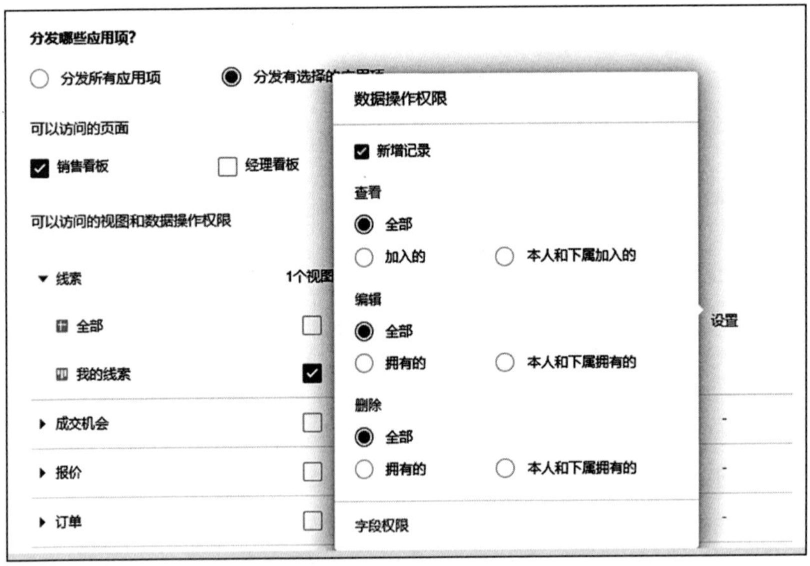

图 8-36　记录的操作范畴设置

第 9 章 *Chapter 9*

零代码工作和创业机会

技术演进往往会推动企业内部职能与协作关系发生变化。新技术会消灭一些岗位，也会创造出很多新岗位。大数据技术兴起，产生了数据分析师岗位；云计算技术发展，带来了对运维工程师的需求。同样，应用平台的出现，会让企业内部出现应用搭建师⊖这样的岗位。只不过，这个岗位需要的是数字技术理解和业务流程认知的综合能力，而不是单项专业技术能力。因为应用平台能够替代一定比例的原生代码开发，所以它不可避免地会减少对重复性开发工作的需求，从而减少对一般企业应用开发人员的需求。

9.1 所需要的技能组合

通过应用平台搭建应用显然不需要软件开发能力，但也不意味着任何人都能够掌握。简单的单表应用创建的难度等同于建立一个 Excel 表格，一般的职场人员都不会有问题，但是要结合自己企业的业务需求来构建一个包含多个业务数据对象、多个工作流程的应用还是需要一些特殊技能的。我们通常把这组技能称为抽象和逻辑能力。

抽象能力是指从具体现象出发，抽取出规律和模型。在应用平台的使用中，抽象能力有助于从纷繁复杂的人、物、事中识别出正确的对象，并给予合理命名和边界，

⊖ 出现这类岗位是必然，但企业一般不会设置专职，只会由其他岗位人员兼任。这个后面会有介绍。

从各种具体的企业管理流程中识别出工作流的形态，并用最简单的结构来表达它。比如，在建立与销售过程有关的应用时，需要识别出与人有关的对象，包括销售人员、客户联系人；还需识别出与物有关的对象，包括产品、产品价目表等；以及与事有关的对象，包括报价、报价明细、订单、订单明细和销售行动等。这些对象组合在一起，就能够闭环记录和更新整个销售流程。

逻辑能力指的是一系列和逻辑学有关的知识和经验。在构建应用时，常常需要对属性做细分，所以用户最好能够理解什么叫互斥并穷尽（MECE），在设计工作流的时候，要准确判断分支条件、节点次序，并且要在脑中预想工作流真实运行时数据的形态变化。

与其说抽象和逻辑能力是一种天性，不如说它更多是后天依靠经验来增强的。尤其在软件领域，一种事务的数据和流程架构大多数不是依靠聪明人构想出来的，而是通过多次的最佳实践积累出来的。应用 APaaS 的时候，过往对各种管理软件的使用经验，包括对管理软件界面和流程的记忆，都能够用来帮助更好地使用应用平台搭建自己的应用。简单说就是，看得多了，也就会了。

9.2 零代码相关的岗位

在企业中并不会产生"零代码应用搭建师"这样的专职岗位，因为这有悖于零代码平台推动的"全民开发者"理念。全民开发当然不意味着企业中每个人都要从事应用搭建工作，但是它着眼于降低应用搭建的技术门槛，让非技术人员也能够参与到应用设计和搭建过程中来。所以，可以预期的是，在应用平台普及以后，企业的业务职能部门和 IT 部门在岗位设计和工作内容上都会有一些变化。

9.2.1 业务部门承揽自己的应用搭建工作

其实业务部门一直以来都有自主解决 IT 问题的诉求。一位承担质量管理的经理当然不愿意求人来解决配套的 IT 问题。一方面是因为业务不等人，另一方面是因为在内部沟通业务需求和流程这本身就是一件特别费神的事情。而 IT 部门通常排满了各种业务系统开发和迭代需求，在决定优先级和实现方式的时候，常常遇到"公说公有理，婆说婆有理"的情况，很多时候不得不上升到公司管理会议上去争论。

在所有业务部门，从销售、营销、采购到行政、财务、人事，其实都有能力自主通过应用平台来实现自己想要的部门级应用。如果控制好每个应用的规模和复杂度，那么大多数应用甚至无须求助 IT 部门或者外部专业公司，通过 APaaS 产品就可实现自主搭建。如果将来需要和其他应用整合到一起使用，因为 APaaS 产品天生具有的开放度和灵活度，整合过程也可轻松实现。

所以，无论在哪个职能部门中，只要是善于运用计算机且有比较丰富应用经验的人，都可能在部门主管的授权下直接动手搭建自己的应用，来解决部门的问题。有的时候，部门主管甚至可能自己亲自动手。我们在市场实践中甚至看到过 CEO 亲自动手的情况，虽然这有些过度管理的嫌疑，但这也证明，缺乏 IT 背景的员工也有可能掌握应用平台的使用方法。

想要掌握 APaaS 的使用方法无疑要投入一定的时间成本。比如，要搭建一个简单的部门应用，实际搭建所需要的时间以天计，但是搭建前要进行的业务分析和平台学习可能需要更长的时间。实践证明，一位有基础能力的职员，可以在 2～4 周内掌握基本的应用搭建方法。这部分投入，对于企业和个人来说都是十分值得的。对企业来说，节省了外包开发或者委托 IT 部门开发的开支和时间；对个人来说，这是职业能力的极致体现。

对于业务部门的人来说，用人者通常最看重的是其是否具有如下几个特质，高级主管通常都是从拥有这些特质的人中选拔出来的。

❑ 有学习能力和学习习惯。
❑ 搞得定自己主营的业务（Can do）。
❑ 熟悉客户、市场和业务流程。

这些特质恰恰是成为一名合格的应用平台开发者必备的。反过来说，一位合格的应用平台开发者通常都拥有这些特质，他们能帮助业务团队搞定复杂的 IT 问题，他们在能力、态度和人缘方面都是卓越的。

9.2.2　IT 部门将为应用治理负责

如果所有的应用开发都是业务部门自己搞定，那么 IT 部门怎么办？

首先要明确一点，绝非所有的应用都那么简单，也不代表一个企业的所有应用都是由下至上来实现的。对于核心的业务系统，比如管理销售、财务、运营等环节的应用来说，最好还是由 IT 部门由上至下来推动。至少，分析和计划的过程应该有统筹性。即便实际从事搭建工作的员工来自业务部门，也必须由 IT 部门来负责统筹指导。

除了零代码实现环节，有时还需要 API 接口开发和低代码实现环节。这些环节通常会有专业的软件工程师参与。低代码也是代码，让忙碌的业务人员从头学习 JavaScript 开发是没有必要的。因此，在应用平台部署后，IT 部门应该承担统筹规划和技术实现工作。除了这些工作以外，IT 部门也可以向 APaaS 厂商反馈平台缺陷和提出产品改进建议。因为专业对等，由 IT 部门进行这样的沟通，效率要比业务部门进行高得多。

中小企业如果没有专职的 IT 部门，则可以寻找服务商来外包完成这部分工作。大型企业的 IT 部门如果缺乏开发能力，也可以寻求外包来完成这部分工作。但有一点要注意，因为这部分工作复杂度高，所以对提供服务的开发商在经验和能力上有更多要求。

9.2.3 零代码小组

我们前面提到企业一般不会专门设置零代码应用搭建师这样的岗位，但是最近几年，大中型企业都开始研究应用平台产品，有一部分先锋型企业已经建立了专门的选型和使用小组，有些甚至建立了"零代码实验室"这样的临时组织。在新兴 IT 产品走向成熟和普及的过程中，这种做法其实很常见。它能够加速新技术的落地，也能控制风险，还能让技术应用过程更加有序。零代码小组往往是 APaaS 厂商提供深度服务的核心客户。

9.3 创业机会

新技术、新价值、新需求不仅会改变用户行为，还会孕育新的市场。零代码平台的成熟会推动软件和信息服务业发生结构上的改变。这意味着新的创业机会出现了。

9.3.1 平台产品

在定制开发产品和标准软件产品之外，APaaS 成为一种新的选择。它既有标准应用的易用性，也有定制开发的灵活性。虽然它在前端界面自由度和逻辑颗粒度方面有所牺牲，但是总体而言，它给用户创造了更多净价值。而且每一个应用平台都有自己的目标市场，着重解决一两个领域的问题，并不存在应用平台通吃所有的软件需求的问题。大体上，APaaS 产品可以分为模型驱动和可视化 IDE 两种技术路线，它们各有优缺点，但基本都是用来解决企业中后台业务系统构建需求的。另外，还有一些分支分别解决特定领域的需求，比如用来建立网站和小程序的应用平台，将重点解决顾客前台系统的问题；还有更加细分的 APaaS，比如在工业控制领域、人工智能领域和大数据处理领域，都开始有创新的应用平台产品出现。所以基于应用平台产品的创业机会已经开始大范围出现。

应用平台产品的创业机会是非常吸引人的，它能够触及上万亿的软件服务市场。但是应用平台产品的研发周期也是最长的，它需要一大批高级软件工程人员花费数年的时间才有可能打造出来。做出可用的产品后，还需要建立和客户的连接，客户使用的过程也是验证产品能力的过程，这个过程需要不断迭代产品。当然，还需要打造品牌和影响力。这在企业软件领域是最高难度的创业方向。当然，一旦成功，回报也是惊人的。

目前，国内外已经有上百个 APaaS 产品正在成熟和发展的过程中。本书附录列举了一些成熟度较高的产品，感兴趣的读者可以自行了解。

9.3.2　ISV

参与 APaaS 市场最多的主体是广泛的独立软件开发商（ISV）群体。他们是软件行业的核心，分散在各个地区、各个行业和各个技术领域。

所谓的独立软件开发商是指使用、集成和销售其他软件产品，但本身并不依附其他主体的软件厂商。不同的 ISV 创造价值的方式不同，有的是进行简单的软件分销；有的是集成其他软件产品为企业提供解决方案；有的是完全提供定制开发服务；有的是将其他软件产品或模块和自己的产品整合后再销售给终端客户；还有一些在应用平台产品上开发自己的应用或模块，再通过自己其他业务伙伴销售给终端客户。

我们根据市场上几种常见的 ISV 类型，来说明 APaaS 产品对应的市场机会。

1. 定制开发商

这可能是数量最大的软件企业。他们在特定区域为企业按需开发各种管理软件，也会覆盖网站建设、小程序建设和网店建设等业务。他们可以将传统的代码开发方式迁移一部分到 APaaS 平台，利用应用平台来实现个性化应用交付。

定制开发商的生态位始终不高。他们受人力、成本和客户议价能力的多重压力，很难向客户提供差异化的服务，总体上只能采用成本定价，按照人数和时间收取开发费用。如果缺乏必要的项目管理能力，通过定制软件开发服务是很难获取持续利润的。

利用 APaaS 产品，定制软件开发商可以在多个业务环节实现增效。

- 使用 APaaS 搭建模型应用，用更低的售前成本获取客户。对比只能提供方案书的竞争对手，更能够获取客户的信任。
- 通过应用平台交付应用，既能够获取定制应用搭建的收入，又能够获得应用平台授权销售的佣金。
- 一旦客户采纳了平台+应用的交付模式，服务商和客户之间就建立了长期联系的桥梁。在应用平台上，老的应用可以不断发展，也可以根据客户需要创建新的应用。新应用与老应用之间数据可以互通，从而降低边际交付成本。
- 定制开发商有机会将已经提供过服务的应用留存下来作为解决方案，来满足其他同类或近似客户的需求。当这些客户案例积累到一定程度，还可以重新规划一个抽象度更高、更普遍适用的应用模型。

在中国市场，提供定制软件开发的门槛不高，所以市场竞争比较激烈。而且这些 ISV 很难退出市场，因为他们一旦签约了一些企业客户，就有责任持续提供服务支持。这导致很多 ISV 卡在中间，既不能快速发展，又不能轻易退出。应用平台的出现可能帮助这些 ISV 走出新的增长之路。

2. 自有产品和解决方案的厂商

第二类 ISV 拥有自己的软件产品和解决方案，但在面向终端客户时，并不仅销售软件产品，而是用项目交付的方式提供比较整体的解决方案。在大数据、人工智能、OA、HR 和物联网领域，这样的 ISV 更加常见。

这种既有产品又有服务的商业模式之所以会形成，有软件行业内在的原因：首先，大中型企业的软件实施很少只通过一个固定产品的功能就能完成，或多或少都需要其他产品或者定制开发来形成闭环，所以始终需要一些供应商来提供项目化的服务；其次，在推广或者投标这些项目时，如果厂商缺乏专业能力和领域知识，很难通过客户的考核。这就导致那些具备解决方案能力，又同时善于进行高效项目管理的公司在市场上留存下来。他们相对来说，具有更好的市场议价能力。和软件产品公司相比，这类 ISV 拥有数量更少的客户，但是客单价更高，这是因为他们还能获取软件产品授权以外的各种增值业务收入。

产品加服务型的 ISV 非常看重产品互补。面向已有的客户和项目，一个高质量、高灵活度的互补产品几乎可以立刻带来价值。而且这些 ISV 通常比纯产品型公司更重视客户关系的维护，他们面向现有客户进行再次销售是比较容易的事情。

APaaS 产品可以说是这类 ISV 最好的增值工具。APaaS 产品的部署和使用虽然简单到客户可以自助完成，但是对于大中型企业来说，若想要充分利用 APaaS 的潜力，还是需要依赖专业软件企业的服务。APaaS 产品一旦部署到客户企业内部，就可以在客户频繁使用的前提下持续拓展新的应用场景。这对 ISV 来说，意味着持续新增收入机会。

至于 ISV 自有产品、解决方案与应用平台的对接，在技术上有各种方案可以解决。除了双边开放 API 的快捷对接方式外，在必要的情况下，也可以按需进行代码开发集成。开发集成的成本总是远远低于功能逻辑的定制开发，而且对接开发的成果通常都可以复用到所有客户。

因为 APaaS 产品极致的通用性，适合采用 APaaS 产品作为延伸集成的技术领域非常多。比如物联网领域，完整的项目交付几乎不可能仅限制在物联网技术范围内，客户总是要和自己的主体业务流程结合起来才能享受到物联网技术带来的便利。所以，物联网领域的 ISV 可以利用 APaaS 平台来解决。

- 设备、人员、场地等业务主数据的管理问题。
- 项目中可能包含的内部填报、审批、通知等离散流程问题。
- 自动化工作流问题，如基于设备数据或事件触发的流程，自动调度其他数据的操作流程。
- 报表、仪表台呈现的管理问题。
- 基于业务数据结果生成自定义报表的问题。
- 在管理闭环中，尚无法通过设备自动采集的数据，需要用人工填报表单的方式来完善的问题。
- 在特定项目中出现的特殊流程需求问题。

除了物联网领域外，大数据、人工智能、智能制造及 ERP、OA、HR 等都有扩展需求。美国知名的低代码应用平台 Outsystems 最主要的一块业务就是作为 SAP 这样的大型 ERP 应用的延伸（SAP Extensions），而这些延伸集成工作大多数是由合作的 ISV 来完成的。

3. 系统集成商

系统集成商一般而言不会有自己的产品和解决方案，他们理论上应该代表企业主的利益负责选择和集成各种软硬件产品，并完成必要的定制开发工作，最终将产品交付给企业主。但在市场实践中，有时候系统集成商和 ISV 难以分清界线，所以客户关系比较密切的系统集成商也有使用应用平台来交付项目的诉求。这其中的利益关系和价值创造过程和上一种 ISV 类似。

4. 咨询服务商

和传统 IT 产品略有不同，APaaS 产品因为具有极高的易用性，所以也能给非软件行业的咨询服务商带来新的业务机会。

咨询服务商主要依靠自己的领域知识和管理工具来服务客户，但是管理方法论和数字化管理工具的关系越来越密切。脱离工具落地的咨询项目往往无法给客户带来实效，所以咨询行业长久以来都在寻求落地工具。甚至有不少咨询服务商用重金打造过软件工具，将其作为咨询服务的补充。但因为能力边界的存在，咨询服务商往往无法搞定复杂的软件工程问题，难以为企业主提供有竞争力的软件方案和产品。

现在，管理方法可以直接通过零代码平台来实现，这意味着咨询师可以将自己的想法和经验直接用软件来表达。他们当中很多都是来自垂直产业，非常清楚行业客户的实际痛点和最优的解决方案，他们搭建出来的应用往往非常务实，更容易得到行业客户的认可。

咨询商业模式本身也有难以复制，产能有限等缺陷，结合数字化工具进行项目交付，咨询服务商将有机会连续的为客户提供服务和获得连续的收入，这也会大大提高其毛利率。在和同行的竞争中，有数字化落地工具的团队往往拥有高得多的客户签单率。

9.3.3 服务提供者

除了现有的角色以外，当应用平台普及后，一定会有新的角色加入市场。虽然无法预知与这些角色相关的最终的产业生态，但他们一定是以提供服务为主的，所以我们可以称之为服务提供者。这类角色可能会提供如下服务。

- **培训服务**：为各个层次的用户提供教育内容和服务，尤其是帮助业务开发者掌握零代码平台使用能力的服务。

- **考试和认证服务**：编写教材和考核题库，并给出第三方认证的服务。通过应用平台使用能力考核的员工将增加职场竞争砝码。培训和认证服务通常都是基于具体软件产品展开的，当前最典型的就是微软 Office 相关的 MSCP（微软认证专家）项目。
- **应用平台咨询服务**：帮助客户充分利用应用平台潜能的咨询服务。服务提供者结合客户所处实际行业和企业目标，帮助客户获得行业最佳实践，创造更有竞争力的应用平台用法，并协助其落地。
- **应用开发商**：当某个应用平台的应用足够丰富的时候，平台方一定会建设一个应用交换中心，类似 Salesforce 构建的 APEX，在这个子平台上，开发者可以上传和推广自己的应用，现有的平台用户可以快速安装和试用，并最终决定是否购买。

本章作为本书的最后一章，勾勒了应用平台可能催化的行业结构变化。这只是一种预测，最终的市场结构还取决于应用平台市场内部竞争的结果。无论产业终局如何，本章介绍的客户和从业者的工作内容的变化是确定会发生的。软件行业会因为应用平台的出现大幅减少重复发明轮子的投入，产业整体效率也因此得到提高。不同角色的人和公司可以在这个过程中，结合自己的愿景和资源，找到属于自己的定位。

附录

国内外厂商列表

软件产业在美国最为发达，在模型驱动/IDE领域（模型驱动典型代表是零代码平台，IDE典型代表是低代码平台）也是如此，下面是一些国内外厂商名单（按照产品发布时间排序）。

附表1　国外厂商列表

产品名称	领域	发布时间	官网	总部所在地
Outsystems	IDE	2001	www.outsystems.com	美国
Mendix	IDE	2005	www.mendix.com	美国
Odoo	IDE，模型驱动	2005	www.odoo.com	比利时
Smartsheet	模型驱动	2006	www.smartsheet.com	美国
Zoho creator	IDE	2006	www.zoho.com/creator	美国
Keyedin	模型驱动	2011	www.keyedin.com	美国
Kintone	模型驱动	2011	www.kintone.com	日本
Kissflow	模型驱动	2012	kissflow.com	印度
Airtable	模型驱动	2012	www.airtable.com	美国
Betty Blocks	模型驱动	2012	www.bettyblocks.com	荷兰
Appsheet	模型驱动	2014	www.appsheet.com	美国
Zenkit	模型驱动	2014	www.zenkit.com	德国
Ninox	模型驱动	2014	ninox.com/en	德国
Power Apps	IDE，模型驱动	2016	powerapps.microsoft.com	美国
Quixy	模型驱动	2019	quixy.com	印度

附表 2 国内厂商列表

产品名称	领域	发布时间	官网	总部所在地
伙伴云	模型驱动	2012	www.huoban.com	北京
简道云	模型驱动	2014	www.jiandaoyun.com	南京
氚云	IDE	2015	www.h3yun.com	深圳
宜创无代码	IDE	2017	www.wudaima.com	北京
轻流	模型驱动	2018	www.qingflow.com	上海
明道云	模型驱动	2018	www.mingdao.com	上海
华炎魔方	IDE	2019	www.steedos.com	上海
宜搭	模型驱动	2019	www.aliwork.com	杭州
HIPA 黑帕云	模型驱动	2019	www.hipacloud.com	成都
JEPaaS	IDE	2019	www.jepaas.com	北京

推荐阅读

 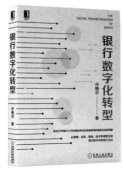  

华为数据之道

华为官方出品。

这是一部从技术、流程、管理等多个维度系统讲解华为数据治理和数字化转型的著作。华为是一家超大型企业,华为的数据底座和数据治理方法支撑着华为在全球170多个国家/地区开展多业态、差异化的运营。书中凝聚了大量数据治理和数字化转型方面的有价值的经验、方法论、规范、模型、解决方案和案例,不仅能让读者即学即用,还能让读者了解华为数字化建设的历程。

银行数字化转型

这是一部指导银行业进行数字化转型的方法论著作,对金融行业乃至各行各业的数字化转型都有借鉴意义。

本书以银行业为背景,详细且系统地讲解了银行数字化转型需要具备的业务思维和技术思维,以及银行数字化转型的目标和具体路径,是作者近20年来在银行业从事金融业务、业务架构设计和数字化转型的经验复盘与深刻洞察,为银行的数字化转型给出了完整的方案。

用户画像

这是一本从技术、产品和运营3个角度讲解如何从0到1构建用户画像系统的著作,同时它还为如何利用用户画像系统驱动企业的营收增长给出了解决方案。作者有多年的大数据研发和数据化运营经验,曾参与和负责多个亿级规模的用户画像系统的搭建,在用户画像系统的设计、开发和落地解决方案等方面有丰富的经验。

企业级业务架构设计

这是一部从方法论和工程实践双维度阐述企业级业务架构设计的著作。

作者是一位资深的业务架构师,在金融行业工作超过19年,有丰富的大规模复杂金融系统业务架构设计和落地实施经验。作者在书中倡导"知行合一"的业务架构思想,全书内容围绕"行线"和"知线"两条主线展开。"行线"涵盖企业级业务架构的战略分析、架构设计、架构落地、长期管理的完整过程,"知线"则重点关注架构方法论的持续改良。

推荐阅读

推荐阅读

RPA：流程自动化引领数字劳动力革命

这是一部从商业应用和行业实践角度全面探讨RPA的著作。作者是全球三大RPA巨头AA（Automation Anywhere）的大中华区首席专家，他结合自己多年的专业经验和全球化的视野，从基础知识、发展演变、相关技术、应用场景、项目实施、未来趋势等6个维度对RPA做了全面的分析和讲解，帮助读者构建完整的RPA知识体系。

智能RPA实战

这是一部从实战角度讲解"AI+RPA"如何为企业数字化转型赋能的著作，从基础知识、平台构成、相关技术、建设指南、项目实施、落地方法论、案例分析、发展趋势8个维度对智能RPA做了系统解读，为企业认知和实践智能RPA提供全面指导。

RPA智能机器人：实施方法和行业解决方案

这是一部为企业应用RPA智能机器人提供实施方法论和解决方案的著作。

作者团队RPA技术、产品和实践方面有深厚的积累，不仅有作者研发出了行业领先的国产RPA产品，同时也有作者在万人规模的大企业中成功推广和应用国际最有名的RPA产品。本书首先讲清楚了RPA平台的技术架构和原理、RPA应用场景的发现和规划等必备的理论知识，然后重点讲解了人力资源、财务、税务、ERP等领域的RPA实施方法和解决方案，具有非常强的实战指导意义。

财税RPA

这是一本指导财务和税务领域的企业和组织利用RPA机器人实现智能化转型的著作。
作者基于自身在财税和信息化领域多年的实践经验，从技术原理、应用场景、实施方法论、案例分析4个维度详细讲解了RPA在财税中的应用，包含大量RPA机器人在核算、资金、税务相关业务中的实践案例。帮助企业从容应对技术变革，找到RPA技术挑战的破解思路，构建财务智能化转型的落地能力，真正做到"知行合一"。